Friedhelm Messow / Werner A. Druckenbrod

Die schönsten Radtouren rund um Würzburg und in Mainfranken

Impressum

© 2001 by BVA - Bielefelder Verlagsanstalt GmbH & Co. KG, Bielefeld

Alle Rechte vorbehalten. Nachdruck, auch auszugsweise,
nur mit ausdrücklicher Genehmigung des Verlages.

Buch- und Umschlaggestaltung: Green Tomato, Bielefeld

Titelfoto: Friedhelm Messow

Fotos: Werner A. Druckenbrod; Friedhelm Messow; Walter Roth (S. 111, 117,
122); Tourist Information Fränkisches Weinland, Würzburg (S. 133)

Kartographie: Bielefelder Verlagsanstalt

Druck: Buchkunst Klingenberg Leipzig

ISBN 3-87073-273-3

Rad-Dorado in Main- und Tauberfranken

Sich an Main, Tauber und Fränkischer Saale wohl zu fühlen, fällt nicht schwer. Es ist einfach alles da, was ganz normale Radtouristen mögen: Die Landschaft wirkt meist heiter, selten herb, das Klima ist günstig, die Menschen sind aufgeschlossen. Man baut guten Wein an, die Küche ist bodenständig, viele Städte und Dörfer konnten sich romantische Winkel, Viertel oder einen ganzen Kern mit alten Mauern und Toren erhalten. In solch – nennen wir es einfach so – »gemütlicher« Umgebung einen lauen Abend zu genießen und des Nachts sein müdes Haupt zu betten, ist schon etwas Besonderes. Zudem finden sich bedeutende Bau- und Kunstwerke aus mehreren Epochen in großer Zahl. – Kurz: Wer einmal in Main- und Tauberfranken mit dem Rad unterwegs war, kommt mit Sicherheit gerne wieder.

Das Wichtigste für unbeschwerte Radtouren und -reisen sind die Wege: Am Main selbst verläuft einer der beliebtesten deutschen Radfernwege, und alle größeren Täler links und rechts des Mains sind für Radler gut erschlossen. Fast alle diese Routen sind so angelegt, dass sie von Familien auch mit Kindern ohne Gefahr benutzt werden können. Und wenn es sich doch einmal um wenige Kilometer Landstraße statt separater Wege handelt, dann wird darauf hingewiesen. So wird es jedem leicht gemacht, aus eigener Kraft nach Mainfranken hin und dort selbst kreuz und quer zu fahren. Wie dicht dieses Netz an Radfernwegen und ergänzenden Routen ist, die für viele Tourenvarianten von wenigen Stunden bis zu ein, zwei Wochen sorgen können, wird im ersten Kapitel nach der Einleitung genauer gezeigt. Deshalb kommt, was dem Tourismus nützt, ganz »nebenbei« auch den Einheimischen zugute.

Mehr und mehr werden Radreisende zu einem ernst zu nehmenden Wirtschaftsfaktor. Zumindest an den großen Radfernwegen an Main, Tauber oder Fränkischer Saale sind die Möglichkeiten zu Einkehr und Übernachtung so dicht zu finden, dass wir es uns sparen können, darauf im Einzelnen hinzuweisen. Etliche Betriebe können mit dem Schild »Bett & Bike« aufwarten, womit Radler willkommen geheißen werden. Wenn uns aber etwas ausgesprochen positiv auffiel – aus allen Bereichen, keineswegs nur aus der Gastronomie! – so nennen wir es »Was B'sunnersch«. Sprachliche Puristen mögen uns verzeihen, dass wir dafür die Würzburger Aussprache gewählt haben, auch wenn man 15 oder 20 Kilometer weiter ein wenig anders spricht.

Trimburg über der Fränkischen Saale

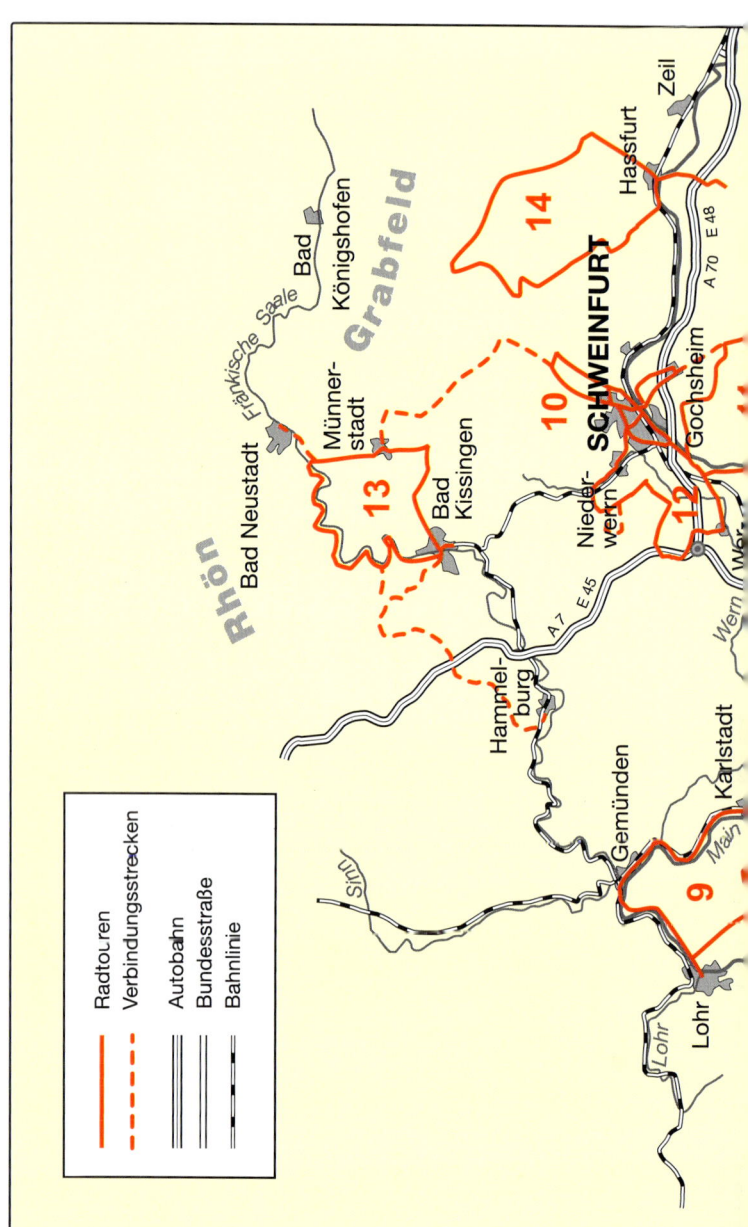

Radtouren
Verbindungsstrecken
Autobahn
Bundesstraße
Bahnlinie

Zeil
Hassfurt
Grabfeld
Bad Königshofen
14
Fränkische Saale
SCHWEINFURT
A 70 E 48
Münner-stadt
Gochsheim
10
Bad Kissingen
Nieder-wern
13
12
Rhön
Bad Neustadt
A 7 E 45
Wern
Hammel-burg
Karlstadt
Gemünden
Main
Sinn
9
Lohr
Lohr

Steiger wald

Volkach

Dettelbach

Kitzingen

Iphofen

Uffenheim

A 7 E 45

Tauber

Creglingen

Rothenburg
ob der Tauber

5

6

Ochsenfurt

Aub

1b

A 3

E 43

4

Röttingen

Weikers-
heim

Veits-
höch-
heim

1a

WÜRZBURG

Königshofen

3

290

Markt-
heidenfeld

A 81 E 41

8

2

Lauda-

Boxberg

Bad
Mergentheim

A 3 E 41

Tauber

Wertheim

Main

Tauber-
bischofsheim

Schloss Veitshöchheim

Von Burgen, Bauern und barocker Pracht

Hand aufs Herz – allein mit Zahlen und Fakten kann uns Radler niemand vom Sattel in ein Schloss oder ein Museum holen. Mit einer anschaulichen Führung, gut dargebotenen Geschichten von den Menschen, die für ein Bau- oder Kunstwerk verantwortlich waren oder es bewohnt haben, aber allemal. Dem »flüchtigen Wesen« Fahrradfahrer kommen natürlich auch alle Objekte entgegen, die sich ideal mit einer Rast verbinden lassen. Denken wir nur an all die lehrreichen Tafeln im Verlauf von Rund- oder Weitwanderwegen, ob es nun um Kelten, Wein, Wald und Hecken oder Gips, Mergel und Sandstein geht.

Ein sehr stabiler Faktor in unserem Gebiet ist das Bistum Würzburg, 742 gegründet. Die Bischöfe mehrten Macht und Einfluss, behielten im Bauernkrieg – nach starkem Wanken – letzten Endes die Oberhand. Sie prägten auch einen ganzen Landstrich mit ihrer Baulust. Ohne ihre Aufträge wäre uns nicht die meisterhafte Barockbaukunst beispielsweise eines Balthasar Neumann in so großer Zahl in Mainfranken erhalten geblieben. Und wer fragt heute noch ernsthaft nach den hohen Abgaben für die Bevölkerung? Im Gegenteil: Die Volksfrömmigkeit ist in Franken ausgeprägt, allein im Bistum Würzburg gibt es rund 120 Wallfahrtsstätten.

Rokokogarten Veitshöchheim

Die Geschichte des Taubertals ist ein Musterbeispiel für den alten deutschen politisch-konfessionellen »Flickenteppich«. Auf gerade mal 100 Kilometer Flusslauf hatten vor Napoleons machtpolitischer Flurbereinigung seiner Zeit das Sagen: an der Taubermündung die Grafen von Löwenstein-Wertheim, in Tauberbischofsheim die Kurfürsten von Mainz, in (Bad) Mergentheim der Deutsche Orden, um ihren Stammsitz Weikersheim die Grafen von Hohenlohe, um Röttingen die Fürstbischöfe von Würzburg, und das Territorium der freien Reichsstadt Rothenburg ob der Tauber reichte zu ihren besten Zeiten bis über 10 Kilometer Umkreis – wehrhaft gesichert.

Da in den benachbarten Gebieten Frankens ähnlich kleinräumige Verhältnisse herrschten, spiegelt sich das – trotz mancher zwischenzeitlicher Kriegs- oder Sanierungsschäden – in einer großen Zahl bemerkenswerter Bauwerke oder ganzer Städte wider. In Main- und Tauberfranken kann so aus einer Rad- immer auch eine Kunstreise mit Zielen ohne Ende werden.

Hochhausen im unteren Taubertal

Mainschleifen und Bocksbeutel

»Heiter« nennen wir das Land am Maindreieck, dem merkwürdigen Flussverlauf zwischen Schweinfurt, Marktbreit/ Ochsenfurt und Gemünden. Wenn man ihn hat stehen lassen, dann wächst hier mehr Laub- und Misch- als Nadelwald. Es gibt aber sowieso viel mehr Felder als Wälder. Hinzu kommen ausgedehnte Flächen, die dem Weinbau dienen, und zwar nicht nur am Main, sondern ebenso an der Tauber, auch an der Fränkischen Saale, dem gesamten Westabhang des Steigerwalds und zum Teil dem der Haßberge. Der Landkreis Kitzingen nennt sich »Weinlandkreis«, er stellt von der gesamten Rebfläche Bayerns allein die Hälfte.

Mainfranken ist ein großer Teil des Regierungsbezirks Unterfranken. »Weinfranken« oder touristisch offiziell »Fränkisches Weinland« ist der Teil in Mainfranken, wo Weine wachsen, die häufig in die typisch bauchigen Bocksbeutel-Flaschen gefüllt werden. Die nimmt man auch in Tauberfranken, das politisch zum größten Teil zu Baden-Württemberg zählt, für den edlen Rebensaft.

Bleibt noch zu ergründen, woher viele Stellen in Main- und Tauberfranken ihren fast schon südlich anmutenden Charakter haben. Sind es die Hecken auf den Steinriegeln, die am steilen Rebenhang im zeitigen Frühjahr leuchtend weiß blühen? Oder sind es im Sommer die schönen Plätze in Karlstadt, Sommerhausen, Niederstetten, Volkach oder Iphofen, auf denen sich ganz leicht Ferienstimmung verbreitet? Ist es im Herbst die Farbenglut von Wein- und Waldlaub, an der sich unser Auge bei Retzstadt oder Bullenheim gar nicht satt sehen kann?

Wieder nüchtern betrachtet: Beste Ackerböden weisen der Ochsenfurter Gau und das Schweinfurter Becken auf. Selbst für feines Gemüse wie Spargel und für Kräuter eignen sich die locker-leichten Böden im weiten Maintal bei Marktbreit oder Kitzingen und nahe Schweinfurt. Wir haben es daher nicht schwer, uns unterwegs auf dem Markt oder direkt ab Hof mit frischer Ware zu versorgen, wenn Pause angesagt ist.

Verkehrsverbindungen mit Zug, Schiff und Bus

Durchgehend mit der Bahn kann man weder am Main noch an der Tauber fahren. Weil aber alle Talabschnitte durch Radwege mustergültig erschlossen sind, fällt das nicht sehr ins Gewicht, muss jedoch bei der Tourenplanung und möglichen Hilfen für Abkürzungen berücksichtigt werden.

Folgende Linien werden von Regionalzügen – fast durchweg mit Radtransport – mindestens im 2-Stunden-Takt an Werktagen bedient: 780 Heilbronn–Lauda–Würzburg; 780.1 Bad Mergentheim–Würzburg mit Halt an allen Bahnhöfen zwischen Lauda und Würzburg; 788 Wertheim–Lauda–Crailsheim (Tauberbahn) – hier verkehrt im Sommerhalbjahr an Samstagen, Sonn- und Feiertagen auch der Taubertäler Radwanderzug mit extra großem Gepäckwagen – sowie 803 Gemünden–Bad Kissingen (Saaletalbahn).

Im 2-Stunden-Takt abwechselnd befahren wird die Linie 815 Schweinfurt–Bad Kissingen bzw. Schweinfurt–Bad Neustadt–Grimmenthal–Meiningen oder –Grimmenthal–Erfurt, so dass sich auf Teilstücken eine etwa stündliche Folge ergibt. Solch einen und in den Hauptverkehrszeiten noch dichteren Takt bieten auch die Strecken 800 Aschaffenburg–Lohr– bzw. Fulda–Gemünden–Würzburg (Main-Spessart-Bahn), 805 Würzburg–Kitzingen–Nürnberg, 810 Würzburg–Schweinfurt–Bamberg, 920 Würzburg–Ochsenfurt–Marktbreit–Steinach–Ansbach; mit Umsteigen in Steinach ist so Rothenburg ob der Tauber mindestens jede 2. Stunde erschlossen (Linie 921), was es leicht zu einem Ziel für einen ausgedehnten Tagesausflug aus dem Raum Würzburg werden lässt.

Mit dem Schiff können sich zwischen Miltenberg über Wertheim zumindest bis nach Volkach nach Voranmeldung stets kleinere Gruppen mit Rädern transportieren lassen. Da aber auch immer mal wieder an der Fahrrinne des Mains gebaggert wird, kann die eine oder andere Anlegestelle für bestimmte Schiffe entfallen. Bitte erkundigen Sie sich daher rechtzeitig bei einer der folgenden Reedereien:

Miltenberg–Wertheim–Lohr: Personenschiffsreederei Henneberger, Miltenberg, Tel. (0 93 71) 33 30, Fax 95 96 04 oder Tel. (0 93 78) 2 32, Fax 14 06

Lohr–Karlstadt–Würzburg: Main-Spessart-Schifffahrt, Gemünden, Tel. (0 93 51) 17 70 oder 01 72-9 70 17 56

Würzburg–Ochsenfurt–Kitzingen (weitere Strecken nach Vereinbarung): Schiffstouristik Würzburg Kurth & Schiebe, Tel. (09 31) 5 85 73, Fax 5 13 13, E-Mail: Info@schiffstouristik.de

Würzburg–Ochsenfurt (weitere Strecken nach Vereinbarung): Veitshöchheimer Personenschifffahrt Herbert, Tel. (09 31) 5 56 33, Fax 6 32 99

Für die Strecke Kitzingen–Volkach–Schweinfurt wurde im Frühjahr 2001 wieder ein Schiffsverkehr eingerichtet. Genauere Informationen erteilt die Tourist-Information in Schweinfurt, Tel. (0 97 21) 5 14 98.

Außerdem bietet es sich an, für die Verbindung Kitzingen–Volkach–Schweinfurt bei Bedarf ein Fahrrad-Taxi mit Anhänger für bis zu 16 Räder zu bestellen: Ernst Leykamm, Volkach, Tel. (0 93 81) 33 22, E-Mail: service@taxi-volkach.de, Internet: www.taxi-volkach.de

Wer in der Rhön unterwegs ist, wird vielleicht gerne einmal auf die Dienste des Rhönbus für die Hochrhönstraße zwischen Bischofsheim und Fladungen zurückgreifen: Omnibusverkehr Franken (OVF), Bad Neustadt a. d. Saale, Tel. (0 97 71) 62 62 20.

Und für eine Strecke Taubertal, wo kein Zug fährt, stehen von Weikersheim bis Rothenburg gleich zwei Buslinien mit Radtransport zur Verfügung (Touren 3 und 5).

Karten und Informationen

Überregionale Karten, die für die gängigen Radfernwege und die meisten detaillierten Wegeführungen der Touren hier im Buch geeignet sind, bringt die Bielefelder Verlagsanstalt heraus: ADFC-Radtourenkarte (1 : 150.000) Blätter Nr. 17 und 21.

In Vorbereitung ist auch die ADFC-Regionalkarte 1 : 75.000 Würzburg, die fast das gesamte Arbeitsgebiet dieses Führers erfassen wird.

Nicht zu vergessen die amtlichen Topographischen Karten 1 : 50.000 und 1 : 100.000, deren Gebiet aber nur für einen Teil der Touren reicht: Würzburg und Umgebung (Bayer. L.Verm.Amt), Blätter 11, 12 und 57 (L.Verm.Amt Baden-Württ.).

Detaillierte Radwanderkarten, teils mit umfangreicher Broschüre, haben in letzter Zeit einige der hier berührten unterfränkischen Kreise herausgegeben. Leider gibt es aber auch Lücken oder – was in der Natur der Sache liegt – einige Baustellen, deren Fertigstellung erst den Tourenradlern richtig nützen wird: Im Kreis Würzburg werden die Tourenvorschläge (von 1993) nach und nach auch durch neue Routen und Faltblätter ergänzt. Für den Kreis Schweinfurt wird sich wegen des Autobahnbaus Richtung Thüringen zwangsläufig bei einigen Touren etwas ändern. Und manche Kitzinger Touren biegen an der Kreisgrenze doch ziemlich unvermittelt ab.

Was jedoch an Touren veröffentlicht ist, findet sich auch beschildert in der Landschaft wieder. Mindestens auf Teilstücke davon greifen viele unserer Vorschläge zurück. Auch für die mittelfränkischen Kreise und den Kreis Main-Tauber in Baden-Württemberg sind ausführliche Faltblätter und Infos erhältlich, bei Fremdenverkehrs-Gemeinschaften und Touristik-Informationen.

Kreise Ansbach und Neustadt a. d. Aisch: Tourist-Information Steigerwald, Hauptstr. 3, 91443 Scheinfeld, Tel. (0 91 62) 1 24-24, Fax 1 24-33, E-Mail: tourismus@steigerwald.btl.de, Internet: www.steigerwald.org *(Touren 5 und 6)*

Kreis Bad Kissingen: LRA KG, Tourist-Information Gebiet Rhön, Postfach 1820, 97685 Bad Kissingen, Tel. (09 71) 80 1-12 00, Fax 8 01-12 10 *(Tour 13)*

Kreis Bad Neustadt an der Saale: LRA Rhön-Grabfeld, Tourist-Information Rhön, Spörleinstr. 11, 97818 Bad Neustadt a. d. Saale, Tel. (0 97 71) 94-1 18, Fax 94-3 00, E-Mail: touristr@rhoen-grab-feld.de *(Tour 13)*

Kreis Haßfurt: LRA Haßberge, Am Herrenhof, 97437 Haßfurt, Tel. (0 95 21) 2 72 02, Fax 2 74 99 (Tour 14)

Kreis Kitzingen: LRA KT, Tourist-Information, Kaiserstr. 4, 97318 Kitzingen, Tel. (0 93 21) 9 28-1 27, Fax 9 28–3 81, E-Mail: lra@kit-zingen.de *(Touren 6, 7 und 11)*

Main-Spessart-Kreis: LRA MSP, Informationszentrale für Touristik, Marktplatz 8, 97753 Karlstadt, Tel. (0 93 53) 7 93-2 34, Fax 7 93-8 52 34, E-Mail: poststelle@lramsp.de, Internet: www.mainspes-sart.de *(Touren 9 sowie 1 A, nördl. Fortsetzung)*

Main-Tauber-Kreis: Touristikgemeinschaft Liebliches Taubertal, Gartenstr. 1, 97941 Tauberbischofsheim, Tel. (0 93 41) 82-2 94, Fax 82-3 82, E-Mail: touristik@liebliches-taubertal.de, Internet: www.liebliches-taubertal.de *(Touren 2, 3, 4, 5 und 8)*

Kreis Neustadt an der Aisch-Bad Windsheim: s. o.

Kreis Schweinfurt: Tourist-Information Landratsamt, Schrammstr. 1, 97421 Schweinfurt, Tel. 0 97 21/ 5 56 35, Fax 5 56 91 und 5 53 37, E-Mail: tourismus@lrasw.de, Internet: www.landkreis-schweinfurt.de *(Touren 10, 11 und 12)*

Kreis Würzburg: LRA WÜ, Zeppelinstr. 15, 97074 Würzburg, Tel. (09 31) 80 03-0, Zweckverband Erholungs- und Wandergebiet Würzburg 80 03-2 59 *(Touren 1 A + B, 4, 7 und 8)*

Touristik-Information Fränkisches Weinland, Am Congress-Centrum, Friedensbrücke, 97070 Würzburg, Tel. (09 31) 37-23 55, Fax 37-36 52, E-Mail: tourismus@wuerzburg.de, Internet: www.wuerzburg.de *(alle Touren bis auf 5 und 13)*

Von Radfernwegen zum dichten Routennetz

Eingefleischten main- und tauberfränkischen Tourenradlern etwas zu erzählen, wie gut erschlossen ihr »Revier« in dieser Hinsicht ist, hieße Eulen nach Athen zu tragen. Mit unserem folgenden – nennen Sie es ruhig so! – Loblied auf die vielen radgerechten Routen wollen wir dagegen auch Menschen außerhalb der Region ansprechen, die bisher vielleicht nur die beiden so beliebten Radfernwege am **Main** und an der **Tauber** kennen.

Schon vor Jahren hat sich die Regierung von Unterfranken um Fernradwanderwege und die Einrichtung und Beschilderung weiterer Routen sowie Publikation von handlichen Karten nebst Broschüren gekümmert. Sollten also einmal Schilder fehlen oder Ihnen Wegführungen verbesserungswürdig erscheinen, wenden Sie sich bitte an die Regierung von Unterfranken in Würzburg oder direkt an die jeweiligen Landräte. Denn die Radwandervorschläge der Landkreise sind eine gute Ergänzung für die Radfernwege. Und die wiederum sind an diejenigen der angrenzenden Regierungsbezirke Mittelfranken, Oberfranken und der Bundesländer Hessen und Baden-Württemberg angeschlossen.

Wertheim

Das Netz in Thüringen ist noch nicht komplett, der **Main-Werra-Radwanderweg** (135 km) von *Würzburg* über *Werneck, Schweinfurt, Münnerstadt, Bad Neustadt a. d. Saale* und *Mellrichstadt* nach *Meiningen* – entlang guter Bahnverbindung – stellt einen feinen Zugang dar; der Werra-Radweg ist bereits fertig.

Der **Maintal-Radwanderweg** – so die offizielle Bezeichnung für die 332,5 km in *Unterfranken* – ist die wichtigste Achse. Mehrere markante Biegungen sowie das Mainviereck und das Maindreieck gliedern seinen Talverlauf, der durch gegensätzliche Landschaften führt. Wir beschreiben den Weg flussaufwärts so, als ob man von *Mainz* über *Frankfurt, Aschaffenburg* und *Miltenberg* per Rad – oder auch mit dem Zug – anreisen würde. Auch die meisten folgenden Radfernwege werden von West nach Ost erwähnt, wie eben der Wind am häufigsten bläst und wie sie vom Maintal abzweigen. Wer dabei am Main mit Genuss und Muße einmal länger als eine Nacht an einem Ort bleibt, ist in Mainfranken stets willkommen.

Das Maintal am Mainviereck zwischen den Waldbergen von Odenwald und Spessart ist tief, die Radroute läuft meist deutlich getrennt von den Straßen. Als erste größere Stadt lockt *Wertheim* an der Taubermündung. Hier fällt die Entscheidung, am Main weiterzufahren, um beispielsweise in *Marktheidenfeld* am Rand der Fränkischen Platte, der Spessart-Stadt *Lohr* mit dem Spessart-Museum oder in *Gemünden*, der Dreiflüssestadt, zu bleiben. Mit der Bahn kommen Sie überall hin, außer nach Marktheidenfeld.

Von *Wertheim* aus können Sie auch den Weg durchs **Taubertal** wählen. Mit dem Attribut »lieblich« vermarktet, ist er einer der ältesten und besten Radfernwege Deutschlands. Knapp 100 km lang, erschließt er eine vielfältige Tourenregion vom östlichen Odenwald über das Bauland zum weinreichen Taubergrund bis nach Hohenlohe. Die wichtigsten Städte sind *Tauberbischofsheim, Bad Mergentheim, Weikersheim, Röttingen, Creglingen* und nicht zuletzt *Rothenburg o. T.* Unterwegs führen der **Odenwald-Madonnen-Weg**, der **Hohenloher Residenzenweg** sowie in *Rothenburg* der **Hohenlohe-Ostalb-Weg** und der **Burgenweg** tiefer nach Baden-Württemberg hinein, alle mit teils erheblichen Steigungen »gewürzt«. *Rothenburg*, weltbekannter Touristenmagnet und wichtiger Radtourenknoten, gewährt auch den Zugang zum **Altmühlweg** (225 km), zu 137 km **Aischtal-Radweg** bis *Bamberg* und – wer einmal ganz ohne Schilder fahren mag – vollends bis zur *Tauberquelle*, einer unscheinbaren Quellfassung im Landkreis Schwäbisch Hall.

Mehrere Verbindungen vom Main zur Tauber nutzen Täler und queren nur wenige Hügel. Eine davon ist die Radroute der **Romantischen Straße** (420 km). Diese älteste deutsche Touristikstraße von *Würzburg* über das **Taubertal** »hinunter« ins *Nördlinger* Ries, nach *Donauwörth* und am Lech über *Augsburg* und *Landsberg* bis zu den Königsschlössern und *Füssen* im Ostallgäu ist ebenfalls ein Renner. Wir haben den Beginn in einen unserer Vorschläge, die Tour 8, einbezogen.

Zurück an den Main: Vom äußersten Zipfel Unterfrankens, von *Kahl* nördlich von *Aschaffenburg*, zieht der **Kahltal-Spessart-Radwanderweg** über *Mömbris* und *Heigenbrücken* direkt nach *Lohr a. Main*. Selbst 68,5 km lang, verkürzt er die Maintal-Route um mehr als 50 km und erschließt die Waldberge und langen Täler des Spessart auf recht bequeme Art.

In Gemünden stößt die *Sinn* aus Nord und Ost mit Spessart- und Rhönwasser – sogar aus Hessen – zum Main. Der Radfernweg namens **Rhön-Sinntal-Radweg** an ihr entlang misst mit der Fortsetzung **Streutal** durch die Rhön bis nach *Mellrichstadt* 116 km. Herrlich sind die Landschaften, durch die er führt, und die bekanntesten

In Bad Brückenau am Radfernweg Rhön-Sinntal

Orte sind *Bad Brückenau*, wo König Ludwig I. oftmals zur Kur war, *Wildflecken* und die Rhönstädtchen *Bischofsheim* und *Fladungen*.

Zudem wurden als weitere gute Zugänge zur Rhön die mit rund 40 bis 20 km recht kurzen Fernwege entlang **Schondra** und **Thulba**, bei deren Start von *Riedenberg* aus dem Sinntal es erhebliche Steigungen gibt, sowie an der **Brend** von *Bischofsheim* nach *Bad Neustadt* und am **Elsbach** ausgewiesen. Bahnhalte gibt es mehr am Rand: mehrere von *Gemünden* Richtung *Fulda*, etliche an der Saale über *Hammelburg* bis *Bad Kissingen* sowie *Bad Neustadt* und *Mellrichstadt*, dazu den Rhönbus (siehe Infos im Kapitel zuvor) und als dessen Anschluss nach Hessen die Bahn von Gersfeld nach Fulda.

Ebenfalls in *Gemünden* mündet die **Fränkische Saale** in den Main. In Abwandlung zu dem bekannten, auf den gleichnamigen Fluss in Thüringen und Sachsen-Anhalt bezogenen Lied könnten wir zu Recht summen: »An der Saale hellem Strande stehen Burgen stolz und kühn …« Der **Saaletal-Radwanderweg** ist 111 km lang, berührt drei Kreise, die Kurstädte *Bad Kissingen, Bad Bocklet, Bad Neustadt a. d. Saale* und zuletzt weit im Grabfeld *Bad Königshofen*.

Bad Neustadt ist wieder ein wahrer Knotenpunkt: der Radfernwege an der Saale, der Streu, vom Main zur Werra und auch der Beginn von **(Rhön-)Grabfeld-Haßberge-Maintal**. Hinter diesem Wortungetüm verbirgt sich ein rund 170 km langes, reizvolles Angebot, ganz im Osten von Mainfranken wieder zurück an den wichtigsten Fluss zu gelangen. Unterwegs laden beide Saalequellen, zwei Routen über die Haßberge, *Hofheim, Königsberg i. Bay.* und zuletzt *Haßfurt* zum Aufenthalt.

Nur wenige Kilometer mainaufwärts von *Gemünden* mündet die **Wern** in den Main. Wer auf dem Radwanderweg von 53 km an ihr über die schönen Orte *Thüngen, Arnstein* und *Werneck* das Maindreieck abschneidet, könnte zum einen wieder viele Kilometer »sparen«. Von ganz allein drängt sich aber auf, so zu fahren: Im Werntal bis *Schweinfurt* und das Maintal wieder abwärts über alle jene Wein-, Kunst- und Ferien-Städte und -Dörfer wie *Wipfeld, Volkach, Nordheim, Schwarzach, Dettelbach, Kitzingen, Sulzfeld* oder *Marktsteft, Marktbreit, Frickenhausen, Ochsenfurt, Sommer- und Winterhausen, Eibelstadt, Randersacker*, natürlich *Würzburg, Veitshöchheim, Thüngersheim, Markt Retzbach* und *Karlstadt*, ehe sich die fast »dreieckige Runde« schließt. Wie viel Zeit Sie dafür einplanen, hängt allein von Ihren Absichten ab. Geboten ist hier eine reiche Palette, vom zeitigen Frühling bis spät in den Herbst. Wer sich schon

Marktheidenfeld

an einem sonnigen, milden Spätwintertag aufs Rad wagt, um abends vielleicht mit Hilfe der Bahn nach Hause zurückzukehren, wird bestätigen können: Kultur in Mengen, eine gute Küche, angenehmes Klima. – Diese Kriterien können auch bei der Fortsetzung des Maintal-Radwanderwegs von *Schweinfurt* nach Osten über *Haßfurt, Zeil, Eltmann* bis *Bamberg* gelten, wobei statt Wein mehr und mehr unverwechselbares Bier ins Spiel kommt.

Damit nicht genug: Außer dem schon erwähnten **Main-Werra-Radwanderweg** verbindet der **Main-Saale-Radwanderweg** von *Schweinfurt* nach *Bad Kissingen* mit 35 km zwei Flüsse. Hier hinzuzufügen wäre der **Lauertal-Radwanderweg**, der sich auf 35 km an dem östlichen Nebenfluss der Saale von *Oberlauringen* über *Münnerstadt* durch drei Kreise schlängelt. Anschluss über *Stadtlauringen* bieten Radwanderwege zum *Ellertshäuser See* und im Kreis Haßberge nach *Haßfurt* am Main.

Was der **Steigerwald**, das »Herz Frankens« an West-Ost- und Nord-Süd-Verbindungen bietet – insgesamt fast 20 ausgewiesene

Nicht nur an der Tauber fühlen sie sich wohl.

Routen –, kann je nach Richtung gehörig in die Waden gehen. Für unser Gebiet von Belang ist zum einen der **Main-Steigerwald-Radwanderweg** mit gut 120 km auf und ab am Westrand des Berglands. Wein und Wald grenzen hier so reizvoll aneinander und verleihen einer Reihe von Städten und Dörfern wie *Gerolzhofen, Prichsenstadt* oder *Rödelsee, Iphofen* und *Hüttenheim* einen wundervollen Rahmen. Unsere Touren 11, 7 und 6 kreuzen die oder folgen für ein Stück den Routen **An der Rauhen Ebrach**, **Steigerwald-Hochweg** sowie den zwei Varianten **Vom Main zur Aisch** von *Kitzingen* und *Ochsenfurt* nach *Neustadt a. d. Aisch*.

Zwar nur kurz, für uns aber wichtig (Tour 4) und bequem zu fahren ist der **Gaubahn-Radweg** auf der ehemaligen Bahnlinie zwischen *Ochsenfurt* am Main und *Bieberehren–Röttingen–Weikersheim* an der Tauber. Dasselbe gilt für die Radroute auf der Trasse des ehemaligen »Hofheimerle« von *Haßfurt* im Maintal am Haßbergtrauf entlang, nun Teil des erwähnten Wegs (**Rhön-)Grabfeld-Haßberge-Maintal**.

Unsere Absicht ist, den Ortsansässigen in allen berührten Landkreisen eine Reihe von Vorschlägen zu bieten, die sich ohne großen Aufwand erreichen lassen. Dass wir außer den gängigen Wegen individuelle Abkürzungen und Schleifen hinzugefügt haben, versteht sich von selbst. Ziel war es, die Radfern- und Landkreiswege so gut wie möglich einzubinden, aber immer auch Möglichkeiten zur Heimkehr auf einer Runde aus eigener Kraft oder mit Hilfe von Bahn, Bus oder Schiff aufzuzeigen.

Unbestritten können die bekanntesten Wege an Wochenenden, besonders am Sonntag, fast schon ein wenig voll sein. Konzentration auf entgegenkommende kleine Gruppen oder auch nebeneinander fahrende Paare ist dann angesagt. Wer allein sein will, muss sich andere Routen als an Main oder Tauber suchen. Dank der Vielzahl an bezeichneten Alternativen ist das auch nicht allzu schwierig. Mit Hilfe unseres Buchs, einer guten Karte und vielleicht einigen Radfernweg-Broschüren steht Ihnen ein Tourengebiet mit unzähligen Kilometern für unterschiedlichste Ansprüche offen.

In unserem Sinn als Kombination bereits mustergültig verwirklicht ist der **Main-Tauber-Fränkische Rad-Achter**. Diese Acht mit Varianten und Abkürzungen verknüpft verschiedene Teilstücke einiger Radfernwege auch hinüber ins Bauland und den Odenwald zu maximal 555 abwechslungsreichen Kilometern – genug für mehr als eine volle Woche mit vielen Höhepunkten. Fragen Sie nach den Informationen bei der Touristikgemeinschaft »Liebliches Taubertal«.

Wir wollen hier auch allen danken, die uns mit Auskünften, Unterlagen und Gesprächen geholfen haben. Wer Fehler oder Abweichungen bemerkt, melde sich bitte beim Verlag. Für Hinweise sind wir dankbar. Zu schnell ändert sich etwas, sei es durch Straßenbau, Flurbereinigung oder Fahrplanwechsel.

Und nun auf die Räder – mit wachen Sinnen, voller Neugier!

Würzburger Stadtrunde(n)

A: Würzburg - Steinburg - Dürrbachtal - Veitshöchheim
B: Würzburg - Keesburg - Randersacker

Nüchtern betrachtet liegt Würzburg, Unterfrankens Bezirksregierungssitz, günstig an wichtigen Verkehrslinien – sogar einer europäischen Wasserstraße. Etwa 130.000 Einwohner leben hier, an der Universität sind rund 20.000 Studenten eingeschrieben. Tagestouristen kommen Millionen jedes Jahr, sie lassen sich führen durch die Altstadt, zu einer Fülle historischer Bauten, so auch zur barocken Residenz, Teil des UNESCO-Weltkulturerbes. Würzburg liegt inmitten von Grün und kann mit großen Weingütern und -kellern aufwarten. Die Weinlokale und -feste hier in der Stadt und in den vielen kleineren Weinorten der Umgebung sind Legion.

Ein Blick zurück: Nach dem verheerenden Luftangriff in der Nacht des 16. März 1945 sah es erst nicht danach aus, als würden jemals die architektonisch-künstlerischen Glanzstücke des durch die Fürstbischöfe nachhaltig barock geprägten Würzburg wieder erstehen. Man erwog sogar kurze Zeit, einige Kilometer weiter südlich eine neue Stadt zu bauen und die Ruinen als Mahnmal stehen zu lassen. Das Vorkriegs-Würzburg und die Zerstörungen sind eines von vielen Themen im *Mainfränkischen Museum* (Tel. 09 31/ 4 30 16) in der *Festung Marienberg*, wo eine einzigartige Riemenschneider-Sammlung zu sehen ist.

Die linke Mainseite mit der Festung und die rechte mit der Innenstadt erschließt sich gut zu Fuß mit Hilfe des *Stadtplans für Gäste*. Man »pickt« sich die Rosinen selbst nach Belieben heraus oder geht mit auf einen Altstadtrundgang: Start ist am prächtigen *Falkenhaus am Markt* (Tourist Information, s. u.) im Sommer täglich um 10.30 Uhr. – Etwas Besonderes ist das ruhige *Lusamgärtlein* mit dem Grab des Walther von der Vogelweide. Vielleicht reizt es Sie, dort einmal an einem Samstagnachmittag des Minnesängers Lyrik live rezitiert zu erleben (Tel. 09 31/ 2 87 75 94). Ein anderes Beispiel für das so farbige Kulturangebot in Würzburg ist das Mozartfest, mit Aufführungen in den Räumen und im Garten der Residenz. Es heißt, selbst der Stuck könne so das Tanzen lernen.

Wer die nähere Umgebung der Stadt in wenigen Stunden mit dem Rad erkunden will, kann die Promenaden, Parks und Wiesen am Fluss sowie den Ringpark um die Altstadt nutzen, wo einst die

Würzburg: Häcker vor der Marienkapelle

Stadtmauern aufragten. Wir empfehlen zusätzlich, in die Hänge vor allem rechts des Mains mit beeindruckend großen Weinlagen zu fahren. Solche Blicke von oben auf Stadt und Fluss lohnen die mäßige Mühe, dorthin zu kommen: einmal nach Norden zur

Stadtrunde A auf einen Blick

Nr	km	Beschreibung
1	0,6	Start am **Hbf. Würzburg**, am Haugerring li. zum *Berliner Platz* , li. die *Grombühl-Brücke*, li. *Grombühlstr.*, re.
2	1,1	*Ernst-Reuter-Str.*,
3	1,3	li. *Schiestlstr.* und neben *Nördlichem Stadtring* bis zum
4	2,2	Abzweig *Mittl. Steinbergweg.* Dort rechts um 180°, durch das Eisentor und auf breitem Weinbergweg mit 180°-Wende – durch die Lagen *Schalksberg*, obere *Harfe* und **Stein** – mäßig bergauf bis
5	4,5	zur **Steinburg**.
6	5,5	Auf der *Steinburgstraße* bergab nach **Unterdürrbach**, unten re. und im **Dürrbachtal** mit Weg Nr. 1 des
7	7,8	Krs. Würzburg über **Oberdürrbach**, dort re. die *Schafhofstr.*, gleich wieder li. und *Im Grund* (Sackgasse),
8		weiter auf Feld-/Waldweg im **Tal**, nach markanter Biegung li. über den Bach, re. und im scharfen Bogen im
9	9,8	Wald bergauf, an Asphaltweg re., an 5fach-Kreuzung 2. Weg von re. weiter, später wieder in den Grund des **Dürrbacher Grabens**. Unten li. und nach ca. 500 m an
10	11,1	T-Kreuzung Asphaltweg li. bergauf. Am Rand von
11	12,3	**Gadheim** Straße überqueren, nach rd. 500 m li., nach 250 m wieder re. und am NFH-Haus vorbei die *Sendelbachstr.* bergab bis **Veitshöchheim**, unten li., unter der B 27 durch und li. auf der *Thüngersheimer Str.* zur Orts-
12	15,6	mitte mit **Schloss und Rokokogarten**.
13	16,6	Zurück durch den Ort, li. und auf **Fußgängersteg** über
14	16,8	den Main. Von **Margetshöchheim** über **Oberzell** –
15	20,9	Abstecher zur **Klosterkirche** – führt der **Maintal-Radweg**
16	25,7	(MR) zurück bis zur **Alten Mainbrücke** in **Würzburg**.
17	27,1	Diese überqueren und beliebig durch die **Altstadt** zurück zum **Hbf.**

Steinburg und ins Dürrbachtal, einmal nach Südosten bis Randersacker. – Für eine ebenfalls bucklige Rundfahrt durch den Westen Würzburgs lassen sich einfach Anfang und Ende der Tour 8 nach Wertheim direkt verbinden.

Stadtrunde B auf einen Blick

Nr km   Beschreibung

❶ 0,6   Start am **Hbf. Würzburg**, am *Haugerring* li. zum
Berliner Platz, die Hauptstraße überqueren, li. und den
❷ 0,9   Kreisel zum *Rennweger Ring* bzw. zum **Ringpark** (mit
Ökologischem Pfad) hin verlassen. In den **Hofgarten**
❸   der **Residenz** evtl. zum Schluss.
Vom Ringpark aus den *Friedrich-Ebert-Ring* überqueren, an
❹ 2,5   der *Valentin-Becker-Str. /Seinsheimstr.* zum *Wittelsbacherplatz*, kurz li., wieder re. und immer auf Radweg am
Zwerchgraben, Forts. *Trautenauer Str.* bergauf in die
Gartenstadt Keesburg. Geradeaus noch die *Matthias-
Ehrenfried-Str.* bis zur Busschleife, 50 m schräg re.
❺ 5,2   zur **Wetterwarte**.
❻ 6,0   *Hans-Löffler-Str.* und *Kettelerstr.* bis zum *Sanderheinrichs-
❼ 6,9   leitenweg*, diesen re., den *Karl-Ritter-von-Frisch-Weg*
wieder re. und immer geradeaus,
❽ 8,3   bis re. der Randersackerer
❾   **Weinlehrpfad »Pfülben«** abzweigt. Im Bogen wieder
❿ 9,7   bis zum Hauptweg, kurz re. und an der **Kapelle** links.
Durch den Weinberg mit Serpentine abwärts bis
⓫   **Randersacker**, die *Maingasse* li., die *Würzburger Str.*
⓬ 10,6   queren und zum Mainufer. Auf dem **Maintal-Radweg**
(MR) re. und zurück nach Würzburg – evtl. mit Einkehr
⓭ 12,7   auf der **Naturheilvereinsinsel**.
⓮ 14,6   Nach Belieben li. über *Sebastian-Kneipp-Steg* und *-Weg*
auf die linke Mainseite und über die **Alte Mainbrücke**
zurück zur **Altstadt** – oder am *Ludwigskai* weiter
⓯ 15,7   geradeaus, kurz vor der **Ludwigsbrücke** re. über die
Straße und wieder im **Ringpark** bzw. am *Sanderring*
❷
❸ 17,5   zurück zur **Residenz** und
19,0   zum **Hbf.**

0   2,5   5 km

● = besondere Sehenswürdigkeit, siehe Text

● = Orientierungspunkt, siehe Text

Start und Ziel:	*Würzburg Stadtmitte, Hauptbahnhof, Residenz oder Alte Mainbrücke.*
Streckenlänge:	*Nordschleife 27 km, Südostschleife 19 km.*
Steigungen:	*Nordschleife zur Steinburg ca. 130, über Veitshöchheim ca. 220 Höhenmeter; Südostschleife ca. 150 Höhenmeter.*
Sehenswürdigkeiten:	*(Auswahl) Alte Mainbrücke, Residenz mit Hofgarten, Dom, Neumünster mit Lusamgärtlein, Röntgen-Gedächtnisstätte, Festung Marienberg, Veitshöchheimer Rokokogarten; Ringpark mit Ökologischem Lehrpfad, mehrere Aussichtspunkte in den Weinbergen, an der Wetterwarte, am Randersackerer Weinlehrpfad, Randersacker: Ortsbild.*
Karten:	*Stadtplan für Gäste; Würzburg, Amtlicher Stadtplan, mit Radwegenetz, Stürtz-Verlag; ferner siehe Einleitung S. 14/15*
Informationen:	*Tourist Information, Falkenhaus am Markt, Tel. (09 31) 37 23 98; Congress & Tourismus Zentrale, Am Congress Centrum, 97070 Würzburg, Tel. (09 31) 37 26 50, Fax 37 36 52.*
Fahrradverleih- und -service:	*FahrradStation am Seitenausgang des Hbf., Tel. (09 31) 5 74 45, Fax 5 74 65.*
Verkehrsverbindungen:	*Bahn-Linien 780 Stuttgart–Lauda–Würzburg, 800 Aschaffenburg–Lohr– bzw. Fulda–Gemünden–Würzburg (Main-Spessart-Bahn), 805 Würzburg–Kitzingen–Nürnberg, 810 Würzburg Schweinfurt–Bamberg, 920 Würzburg–Ochsenfurt–Marktbreit–Steinach–Ansbach, alle mind. 2-stündlich Regionalzüge, dazwischen weitere Züge.*
Verknüpfungen:	*nach Norden im Dürrbachtal erst auf dem Kreis-RWW 1 über Güntersleben nach Retzstadt und zurück ins Maintal zum Radfernweg; Würzburg ist Startpunkt unserer Touren 7 und 8; zudem beginnen die Radfernwege Romantische Straße und Main-Werra am Hbf.*

A: Steinwein, Föhren und Veitshöchheim

Vom **Hbf. Würzburg ❶** fahren wir links entlang dem *Hauger* *ring* zum *Berliner Platz*, links die *Grombühl-Brücke*, links *Grombühlstr.*, rechts *Ernst-Reuter-Str.* ❷ , links *Schiestlstr.* ❸ und neben dem *Nördlichen Stadtring* bis zum Abzweig *Mittl. Stein-bergweg* ❹ .

0,6 km

1,3 km

2,2 km

Dort rechts um 180°, durch das Eisentor am Weinbergrand und auf breitem Weinbergweg mit 180°-Wende – durch die Lagen *Schalksberg*, *Harfe* und **Stein**, eine der größten Einzellagen Deutschlands ... und Quelle unzähliger froher Stunden – mäßig bergauf bis zur **Steinburg ❺** , wo Restaurant und Biergarten nebst Aussichtspunkt laden.

4,5 km

Unter den Dichtern, die in Würzburg lebten oder (kurz) arbeiteten, war auch Heinrich von Kleist. Mag sein, dass er folgende Worte in einem Brief an seine Verlobte vom 11. Oktober 1800 bei der Aussicht von hier oben formuliert hat:

»O wie herrlich war der Anblick des Maintales von dieser Höhe! Hügel und Täler und Wasser, und Städte und Dörfer, alles durcheinander wie ein gewirkter Flussteppich!«

Auf der *Steinburgstraße* bergab nach **Unterdürrbach ❻** , unten rechts und im **Dürrbachtal** mit Wegweisung Nr. 1 des Krs. Würzburg nach **Oberdürrbach ❼** , dort rechts die *Schaf-hofstr.*, gleich wieder links und *Im Grund* (Sackgasse), weiter auf Feld-/Waldweg im Tal.

5,5 km

7,8 km

Föhren oder Kiefern, für viele sandig-trockene Böden Frankens typisch, verleihen dem wenig tiefen **Dürrbachtal ❽** einen eigenartigen, direkt intimen Charakter.

Nach markanter Biegung weiter mit Wegweisung links über den Bach (geradeaus ist der schmale Wanderweg noch gut, später zeitweise aber unbefahrbar!), rechts und im scharfen Bogen im Wald bergauf, an Asphaltweg ❾ rechts, an 5fach-Kreuzung 2. Weg von rechts weiter. Der gute Waldweg führt automatisch kurz steiler bergab wieder in den Grund des **Dürrbacher Grabens**. Unten links und nach ca. 500 m an T-Kreuzung ❿ Asphaltweg links bergauf.

9,8 km

11,1 km

Detail Franconiabrunnen

Verknüpfung: So nah wie möglich am Bach weiter nach **Güntersleben**, dort links Richtung Thüngersheim, dann leiten schräg rechts die *Frühlingstraße* und mit mehrmaligem Abbiegen Anliegerwege, zuletzt ein Stück des »Planetenwegs« nach **Retzstadt**, herrlich gelegener Weinbauort und Außenstelle der Expo 2000. Von da auf gutem Radweg nach **Markt Retzbach/Zellingen** zum Maintal-Radweg; rund 16 km, bis Margetshöchheim weitere 8 km.

12,3 km   Am Rand von **Gadheim** ⑪ Straße überqueren, nach rund 500 m links, nach 250 m wieder rechts und am NH-Haus vorbei die *Sendelbachstr.* leicht bergab bis **Veitshöchheim**, unten links, unter der B 27 durch und links auf der *Thüngershei*
15,6 km   *mer Str.* zur Ortsmitte mit **Schloss und Rokokogarten ⑫** .

Am Schloss, barocker Sommersitz der Würzburger Fürstbischöfe, hat zwar Balthasar Neumann mitgewirkt, eigentlicher Anziehungspunkt ist jedoch der – nicht zu einem englischen Landschaftsgarten umgewandelte – Garten mit zentralem Teich und einer Vielzahl von thematisch-allegorischen Figurengruppen und Inszenierungen. Lassen Sie sich Zeit für dieses Kleinod, das seinesgleichen sucht.

Würzburg: Franconiabrunnen vor der Residenz

🚲 Zurück durch den Ort, wo auch ein Jüdisches Kulturmuse-
um in der ehem. **Synagoge** zum Besuch lädt, links *Am*
16,6 km *Güßgraben*, auf **Fußgängersteg** ⑬ über den Main nach Mar-
16,8 km **getshöchheim** ⑭ mit der schönen Mainfront.
20,9 km Über **Oberzell** – dort Abstecher zur **Klosterkirche** ⑮ – führt der
Maintal-Radweg (MR) meist direkt am Fluss zurück bis zur
25,7 km **Alten Mainbrücke** ⑯ in **Würzburg**. Diese überqueren und be-
27,1 km liebig durch die **Altstadt** ⑰ zurück zum **Hauptbahnhof**.

B: Ringpark, Gartenstadt und Randersacker

0,6 km 🚲 Vom **Hbf. Würzburg** ❶ fahren wir links entlang dem *Hau-*
gerring zum *Berliner Platz*, überqueren die Hauptstraße, folgen dem Kreisel, zweigen zum *Rennweger Ring* bzw. zum **Ring-**
0,9 km **park** ❷ (mit Ökologischem Pfad) hin ab. Nach Belieben jetzt
(oder zum Schluss) schräg rechts die *Husarenstr.*, den *Rennweg*
überqueren und in

den **Hofgarten der Residenz** ❸ , wo wir ähnlich wie in Veitshöchheim auf eine große Zahl heiterer Figuren treffen, die von Johann
Peter Wagner, dem fränkischen Hofbildhauer geschaffen wurden.

🚲 Am *Rennweg* weiter, rechts im Ringpark, den *Friedrich-*
Ebert-Ring überqueren, an der *Valentin-Becker-Str./Seins-*
2,5 km *heimstr.* zum *Wittelsbacherplatz* ❹, kurz links, wieder rechts und
immer auf Radweg am *Zwerchgraben*, Forts. *Trautenauer Str.* bequem bergauf in die **Gartenstadt Keesburg**. Geradeaus noch die
Matthias-Ehrenfried-Str. bis zur Busschleife, 50 m schräg rechts

5,2 km zur **Wetterwarte** ❺ . Der Beweis für Würzburgs trockenes, mildes
Klima ist hier abzulesen, ergänzt durch beste Aussicht über Heidingsfeld, das Maintal, die Weinlagen des *Neubergs*.

🚲 Die *Hans-Löffler-Str.* und *Kettelerstr.* bis zum *Sanderhein-*
6,0 km *richsleitenweg* ❻ , diesen rechts – links liegen Sportplatze
6,9 km und die Universität –, den *Karl-Ritter-von-Frisch-Weg* ❼ wieder
8,3 km rechts und etwas wellig immer geradeaus, bis rechts ❽ der
Randersackerer **Weinlehrpfad »Pfülben«** ❾ abzweigt. Auf diesem im großen Bogen wieder bis zum Hauptweg, kurz rechts
9,7 km und an der **Kapelle** ❿ links.

Am Lehrpfad zuvor und auf der Bank an der Kapelle sind schöne Rastplätze – sonnig oder schattig – zu finden. Dort können wir beispielsweise über die geschmackliche Vielfalt der Frankenweine nachdenken, über die ausgeprägte regionale und örtliche Gliederung der Gebiets-Winzergenossenschaft Franken eG (Tel. 0 93 21/ 70 05-0) sowie die beliebte Direktvermarktung und den erheblichen Anteil ökologisch erzeugter Weine – schier unerschöpfliche Themen.

Durch den Weinberg mit Serpentine abwärts in das denkmalgeschützte **Randersacker** ⓫ , die *Maingasse* li., die *Würzburger Str.* queren und zum Mainufer ⓬. Auf dem **Maintal-Radweg** rechts und zurück nach Würzburg.

Ökologische Wegweiser in Retzstadt

Unterwegs bietet sich Einkehr auf der **Naturheilvereinsinsel** ⓭ mit Gaststätte oder Rast auf den Wiesen am Main an. 12,7 km

Nach Belieben li. über *Sebastian-Kneipp-Steg* und *-Weg* auf die linke Mainseite und über die **Alte Mainbrücke** ⓮ zurück zur **Altstadt** oder am *Ludwigskai* weiter geradeaus, kurz vor der **Ludwigsbrücke** ⓯ rechts über die Straße und wieder im **Ringpark** ❷ bzw. am *Sanderring* zurück zur **Residenz** ❸ und zum **Hauptbahnhof**.

14,6 km

15,7 km

17,5 km

19,0 km

Kleinodien an der Tauber

Tauberbischofsheim - Lauda - Grünsfeld - Grünsfeldhausen -
Oberwittighausen - Lauda

Die Tauber und ihre Landschaften, die reiche Geschichte,
die Menschen und der Wein wurden schon oft gerühmt.
Tourenradlern bietet der Nebenfluss des Mains, der knapp
hinter der württembergisch-mittelfränkischen Grenze in einer
unscheinbaren Wiesenmulde im Hohenlohischen entspringt,
sehr viel.

Wir können enge Beziehungen zum nahen Mainfranken bemer-
ken – ob nun in der Architektur, der Bildhauerei oder dem Alltags-
verhalten unserer Zeitgenossen. Doch bergen insbesondere die Seitentäler der Tauber manche ökologische sowie bau- und kunstge-
schichtliche Überraschung. Diese aufzuspüren, helfen die von der
Touristikgemeinschaft eigens ausgewiesenen Sondertouren, zu denen wir von verschiedenen Tauberorten aus starten können. Als Halb-
tages- bis Tagestouren sind sie trotz mancher Hügel gut zu schaffen.

Start und Ziel:	*Tauberbischofsheim, Bahnhof oder Lauda, Bahnhof.*
Streckenlänge:	*Tauberbischofsheim–Lauda 7 km einfach, mit Start in Lauda 41 km, Start in TBB 55 km; Abstecher Lauda–Königshofen–Box-berg-Wölchingen 14 km einfach.*
Steigungen:	*von Paimar bis Oberwittighausen 2 kräfti-ge Anstiege, insgesamt ca. 300 Höhenme-ter, sonst viele Talstrecken; Lauda–Box-berg ca. 80 Höhenmeter.*
Sehenswürdigkeiten:	*Tauberbischofsheim (TBB): Altstadt, Kur-mainzisches Schloss mit Landschaftsmuse-um; Dittigheim: Barockkirche; Lauda: Alt-stadt, Tauberbrücke, Dampflok; Gerlachs-heim: Barockkirche, Grünbachbrücke; Grünsfeld: Rathaus, Stadtkirche; Grüns-feldhausen: Achatiuskapelle; Ilmspan: Barockkirche; Oberwittighausen: Sigismundkapelle; Boxberg-Wölchingen: Frankendom.*

Achatiuskapelle in Grünsfeldhausen

Die Tour auf einen Blick

Nr	km	Beschreibung
1	0,0	Start am **Bf. Tauberbischofsheim**, auf dem **RFW »Lieb-**
2	0,5	**liches Taubertal«** zur nahen Altstadt und weiter über
3	2,2	Dittigheim, vorbei am
4	3,7	Friedhof Distelhausen
5	6,7	nach Lauda.
		Mit der Taubertäler Sondertour 5 »Zu sakralen Kunst-
		denkmälern« unter Bahn und über Tauber, auf Weg
		neben der Straße, li. und bis zur Ampel; re. hinein nach
6	9,3	Gerlachsheim, li. über **Grünbachbrücke** und auf
7	14,0	Wirtschaftsweg nach Grünsfeld.
8	16,6	Auf Nebenwegen über Grünsfeldhausen nach
9	18,7	**Paimar**, mit kräftiger Steigung auf Straße nach
10	23,0	Ilmspan.
		Ri. Schönfeld, die *Zweiheckenstr.* re., abwärts, dann
11	26,3	aufwärts, später Feld- und Waldweg über **Lilach**, dort re.,
12	27,2	an der Straße li., abwärts nach **Poppenhausen**, östlich
13	30,5	schräg li. zur
14	31,5	Sigismundkapelle in **Oberwittighausen**.
		Auf der Landstraße über **Unterwittighausen** nach
15	37,8	**Zimmern** , auf separatem Weg neben der Bahn zurück
	41	nach Grünsfeld,
	48	Lauda, und
1	55	**Tauberbischofsheim**.
16		Abstecher von Lauda über **Königshofen** nach
17		Wölchingen und zurück.

Karten und *siehe Einleitung S. 14/15*
Informationen: *und Tourist-Information, Marktplatz 8,*
97941 Tauberbischofsheim,
Tel. (0 93 41) 8 03 13, Fax 8 03 89,
E-Mail: info@tauberbischofsheim.de,
Internet: www.tauberbischofsheim.de
Tourist-Information, Marktplatz 1,
97922 Lauda-Königshofen,
Tel. (0 93 43) 5 01-1 28, Fax 5 01-1 00.

	Ländliche Heimvolkshochschule, Tauber-str. 9, Lauda, Tel. (0 93 43) 58 91 90; Kurse, Rad- und Wandertouren.
Fahrradservice und - verleih:	*Fahrrad-Mott, Lauda, Tel. (0 93 43) 80 39.*
Verkehrsverbindungen:	*Bahn-Linie 788 Wertheim–Lauda–Crails-heim, 2-stündlich RE, dazwischen weitere Züge, u. a. im Sommer Radwanderzug an So., Fei. (+ Sa.); Linie 780 Würzburg–Lauda–Heilbronn–Stuttgart, 2-stündlich RE, dazwischen weitere Züge; Linie 788.1 Würzburg–Lauda–Bad Mer-gentheim, 2-stündlich RB mit Halt an allen Bahnhöfen.*
Verknüpfungen:	*im Taubertal von TBB nach Norden zu Tour 8, von Lauda-Königshofen nach Süden zu Tour 3; von Ilmspan über Kleinrinderfeld nach Würzburg; von Ober-wittighausen über Gaubüttelbrunn–Sulz-dorf zu Tour 4.*

Wir fahren vom **Bahnhof Tauberbischofsheim** ❶ , auf der blauen Stadtroute des **Radwegs »Liebliches Taubertal«** zur nahen

Altstadt ❷ mit bemerkenswerten Gebäuden aus vielen Epochen, vor allem rund um den *Marktplatz*. Bischofsheim hieß die nordba-dische Kreisstadt lange Zeit und war der östliche Vorposten der Kur-fürsten von Mainz, die sich ein **Schloss** bauen ließen. Das trutzige Anwesen mit dem Türmersturm – im Sommer wird dort oben am Freitagabend um 21 Uhr das Abendlied geblasen – beherbergt das **Tauberfränkische Landschaftsmuseum** (Tel. 093 41 - 37 60 oder 53 02 oder 8 03 13). 0,5 km

Am Schloss und Brunnen mit der »Bischemer Krott« vorbei zum *Dittigheimer Weg*, über ein paar Stufen mit Schiebeweg, links, bald rechts und stets auf dem **Taubertal-Radweg** weiter über Dittigheim ❸ mit der Barockkirche von Balthasar Neu-mann, vorbei am Friedhof Distelhausen ❹ mit der gotischen Wolfgangskapelle. 2,2 km 3,7 km

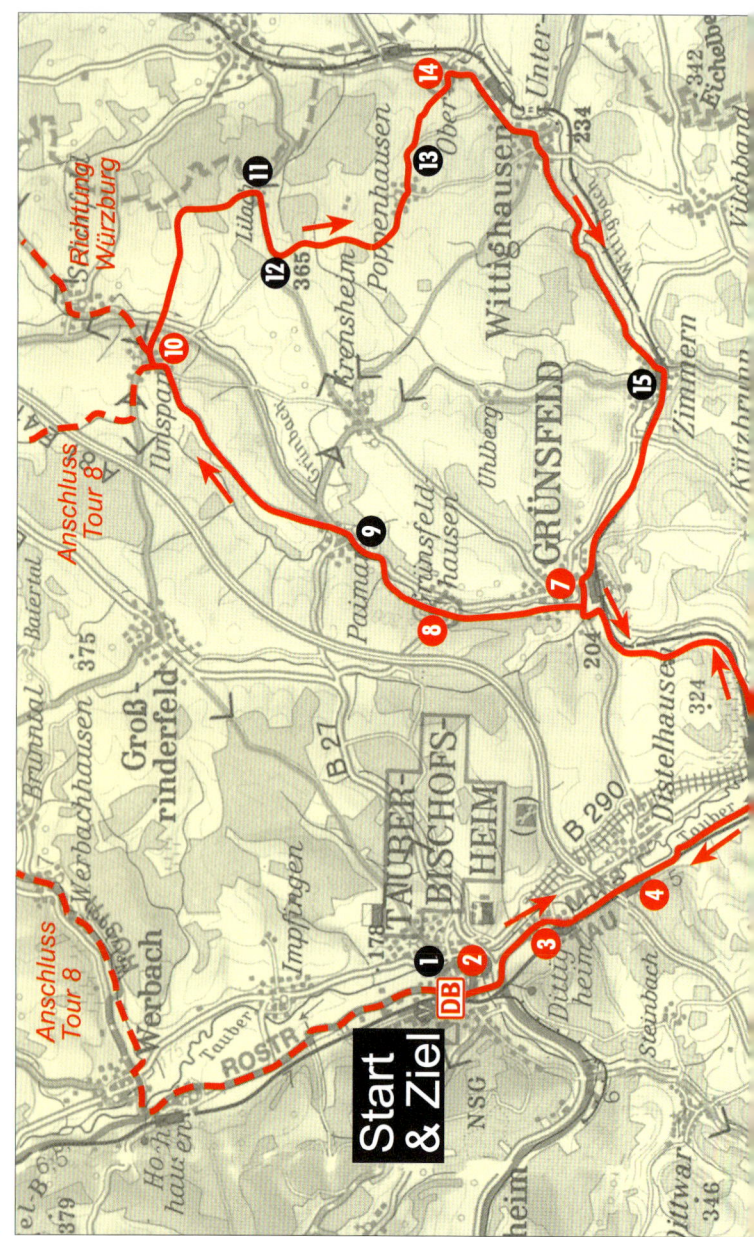

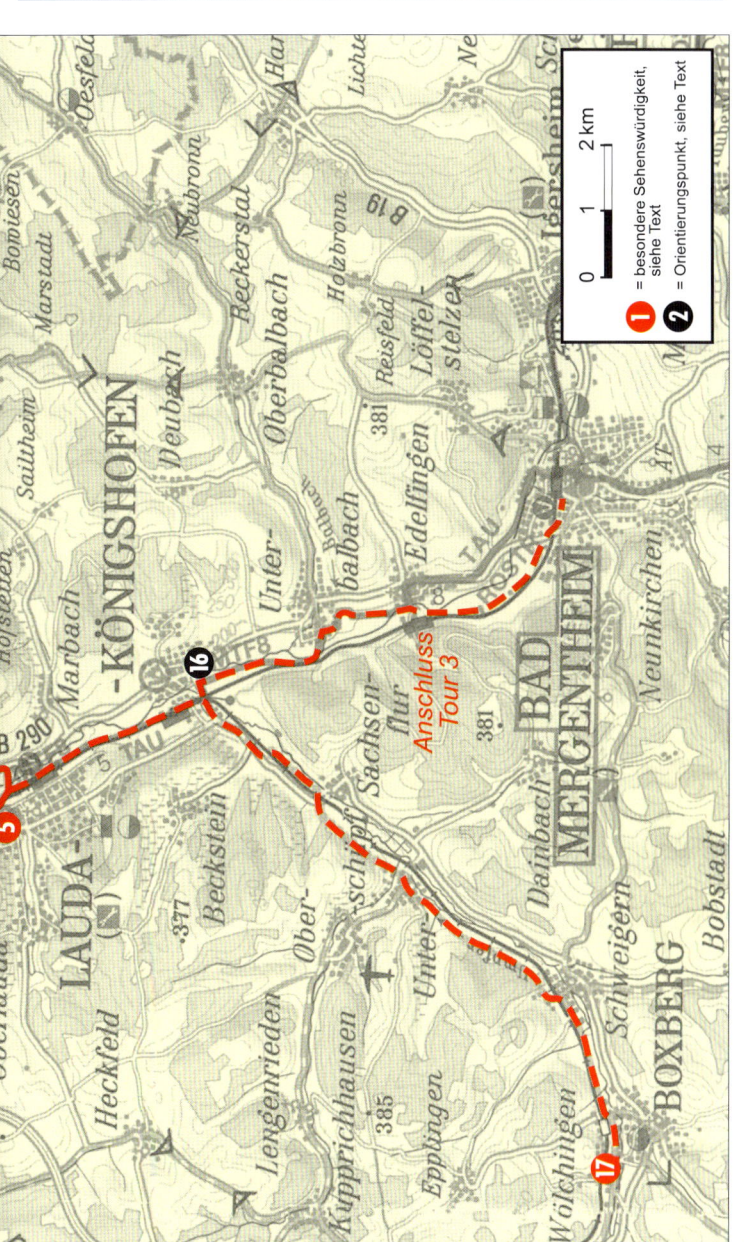

Lauda-Gerlachsheim: Grünbachbrücke

Was B'sunnersch

... ist der Distelhauser Hopfengarten etwa 100 m weiter. Von der ortsansässigen Brauerei (Tel. 0 93 41/8 05-61, Braumeister Lang) wurden schon etliche Zentner Dolden der Sorte »Hallertauer Tradition« geerntet.

6,7 km Kurz danach sind wir in **Lauda** **⑤** mit der schönen **Altstadt**. Lassen Sie sich Zeit, für einen Rundgang gemäß den Schildern, auch zum Narrenbrunnen. Die bald 100-jährige Fasnachts-Tradition der Narrengesellschaft »Strumpfkapp Ahoi« in Lauda geht vor allem auf junge Eisenbahner zurück, hat aber viel ältere Wurzeln.

Dem Bahnknoten Lauda gewidmet ist die wuchtige Dampflok an der *Bahnhofstraße*.

Mit der Taubertäler Sondertour 5 »Zu sakralen Kunstdenkmälern« unter der Bahn und über die Tauber auf den Weg neben der Straße, links und bis zur Ampel. Hinein nach **Gerlachsheim** ❻ mit der schönen Barockkirche. Vor ihr links die *Mühlgasse* führt zur herrlichen **Grünbachbrücke** mit vier Heiligenfiguren.

9,3 km

Über die Brücke und auf Wirtschaftsweg nach **Grünsfeld** ❼ mit dem prächtigen, reich verzierten Fachwerk-**Rathaus** – wer entdeckt Melusine, die im Tauberland öfters auftretende Wasserfrau? Ein paar Schritte nur sind es zur **Stadtkirche** mit dem von Tilman Riemenschneider in Sandstein geschaffenen Grabmal der Dorothea von Rieneck.

14,0 km

Auf Nebenwegen geht es ruhig nach **Grünsfeldhausen** ❽ . Dort steht die **Achatiuskapelle**, ein Doppel-Oktogon-Bau von etwa 1200. Diese stilistische Besonderheit ist im Tauberland mehrfach vertreten, man führt sie auf Einflüsse von heimgekehrten Kreuzrittern zurück.

16,6 km

Weiter auf einem Weg, später der Straße nach **Paimar** ❾ , vor Ortsende die Straße schräg links und erst steil, dann mäßig aufwärts – mit guter Aussicht auf den Krenheimer Rücken samt Windrädern – nach **Ilmspan** ❿ mit der beachtlichen Spätbarockkirche.

18,7 km

23,0 km

Verknüpfung: Von hier über Schönfeld, **Kleinrinderfeld**, den Guttenberger Wald und das Steinbachtal führt eine angenehme Strecke nach **Würzburg**.

Königheim

Wir fahren in **Ilmspan** Richtung Schönfeld, die *Zwei-heckenstr.* rechts, danach den Wirtschaftsweg kräftig abwärts, dann aufwärts, später auf Feldweg, nach Rechtskurve

26,3 km bald Waldweg, über **Lilach** ⓫, dort rechts, an der Straße links

27,2 km abwärts nach **Poppenhausen** ⓬, östlich – wieder bezeichnet

30,5 km als Sondertour 5 auf Sträßchen schräg links ⓭ zur

31,5 km **Sigismundkapelle** ⓮ oberhalb Oberwittighausen. Dieser rund 850 Jahre alte Oktogonbau weist am Portal reiche Verzierungen auf und hat eine bewegte Geschichte hinter sich (Schlüssel: Kapellenberg 13, Tel. 0 93 47/ 4 23).

Verknüpfung: Von **Oberwittighausen** über Gaubüttelbrunn–Sulzdorf nach **Giebelstadt** zur Tour 4.

Auf der Landstraße geht es über Unterwittighausen nach

37,8 km **Zimmern** ⓯, im Ort links und auf Wegen neben der Bahn

41,0 km – vorbei an Feuchtgebieten – zurück nach **Grünsfeld** ❼ und

48,0 km **Lauda** ❺.

»Bischemer Krott« in Tauberbischofsheim

Wer gleich nach Tauberbischofsheim ❷ zurück fährt, hat vielleicht noch Zeit, das **Fechtzentrum** anzusehen (Tel. 0 93 41/ 8 09 12) oder braucht eine Erfrischung im solarbeheizten **Freibad**.

55,0 km

Als Fortsetzung der Kunstfahrt bietet sich an: Von **Lauda** auf dem Taubertal-Radweg nach **Königshofen** ⓰ , dort rechts und zunächst knapp 1 km auf der B 292, danach stets auf Nebenwegen und -straßen mit der Sondertour 4 »Zum **Frankendom** nach (Boxberg-) Wölchingen« ⓱ . Die romanisch-gotische Pfarrkirche, eine Pfeilerbasilika, weist vielerlei stilistische Einflüsse von überall her auf und ist ganz einfach schön.

Auf demselben Weg 14 km zurück nach **Lauda**, eventuell mit einem Abstecher nach **Beckstein** zur historischen Kelter und einem 4 km langen Natur- und Kulturlehrpfad.

Oder Sie fahren über Wölchingen hinaus und »packen« noch zwei Hügel auf der schönen Strecke Uiffingen–Kuppprichhausen–Wege im Schüpfbachtal–Gissigheim und über den Brücken- und Weinort **Königheim** zurück nach **Tauberbischofsheim**; das sind 27 km.

Im Taubergrund

Bad Mergentheim - Weikersheim - Nassau - Harthausen - Löffelstelzen - Bad Mergentheim

Dieser Begriff steht nicht nur für das breite, sonnige Taubertal. Er bezieht auch die Seitentäler ein, die ihre munteren Bäche zur Tauber schicken. Solch einem Tal folgen wir ein Stück, gewinnen dann Höhe, um zum Schluss eine gute Aussicht auf die Kurstadt Bad Mergentheim auszukosten. Wer die Runde umdreht, »klettert« zu Beginn und bummelt abschließend durch die Tauberorte.

Als Ausgangspunkt kommen auch Igersheim, Markelsheim, Elpersheim und Weikersheim in Frage – dank der Bahnhalte und des sehr guten Angebots an Gasthäusern. Und Weikersheim, alter Stammsitz des Hauses Hohenlohe, wurde einmal bei einer breit angelegten Umfrage zu *dem* Ort in Baden-Württemberg gewählt, der in puncto Lebensqualität, Kultur und Freizeit für seine Größe am meisten bietet. Sehen Sie selbst!

Start und Ziel:	*Bad Mergentheim, Bahnhof oder alle weiteren Orte im Taubertal bis Weikersheim.*
Streckenlänge:	*36 km*
Steigungen:	*1 längere von Nassau Ri. Harthausen, insgesamt ca. 250 Höhenmeter.*
Sehenswürdigkeiten:	*Bad Mergentheim: Altstadt, Schloss, Kurpark; Markelsheim: Ortsbild; Weikersheim: NSG südlich, Schloss mit Park, Altstadt, Tauberländer Dorfmuseum; Nassau: Kirche.*
Karten und Informationen:	*siehe Einleitung S. 14/15 und Städtisches Kultur- und Verkehrsamt, Marktplatz 3, 97980 Bad Mergentheim, Tel. (0 79 31) 5 71 35, Fax 5 73 00 Kurverwaltung, Lothar-Daiker-Str. 4, 97980 Bad Mergentheim, Tel. (0 79 31) 96 52 22, Fax 96 52 28 Städtisches Kultur- und Verkehrsamt, Marktplatz 8, 97990 Weikersheim, Tel. (0 79 34) 1 02-55, Fax 1 02-58.*

Bad Mergentheim: Marktplatz

Die Tour auf einen Blick

Nr	km	Beschreibung
1		Start am **Bahnhof** von **Bad Mergentheim**, über
2	0,5	die Bahn zur Tauberbrücke, dort re. und auf dem
		Radweg »Liebliches Taubertal« über
3	6,2	**Igersheim, Markelsheim**,
4		**Elpersheim**, vorbei am **NSG »Mutzenhorn«**
5	14,0	nach **Weikersheim Stadtmitte**.
		Weiter im Taubertal, den Radweg verlassen und direkt
6	16,5	nach **Schäftersheim**; kurz auf der Straße, dann li. auf
7	20,0	Weg nach **Nassau**. Auf Straße Ri. Bernsfelden,
8	20,8	am Ortsende li. und aufwärts zu den **Lichtenhöfen** und
9	25,4	nach **Harthausen**; dort li. und re. auf Straße,
10	26,7	beim **Wegkreuz** auf der Höhe vor Reckerstal nur schräg
11	27,5	li., die Straße Ri. Igersheim schräg überqueren und
		weiter auf Höhenrücken,
12	29,1	Militäranlage li. umfahren,
13	31,7	einmal schräg li. ab über **Löffelstelzen**,
		durch das **Kurviertel** abwärts zur Tauberbrücke und
	36,0	zum **Bahnhof Bad Mergentheim**.

Fahrradservice: Fahrrad-Mott, Bad Mergentheim, Tel. (0 79 31) 5 20 21; Fahrrad-Seyfer, Weikersheim, Tel. (0 79 34) 2 97.

Verkehrsverbindungen: Bahn-Linie 788 Wertheim–Lauda–Crailsheim, 2-stündlich RE, dazwischen weitere Züge, u. a. im Sommer Radwanderzug an So., Fei. (+ Sa.), Anschluss in Lauda an Linie 780 Würzburg–Heilbronn–Stuttgart; Linie 788.1 Würzburg–Lauda–Bad Mergentheim, 2-stündlich RB mit Halt an allen Bahnhöfen
Weikersheim–Rothenburg Radelbus des OVF Nürnberg, Tel. (09 11) 98 97 81-0; entlang der Romantischen Straße Busradeln mit Deutsche Touring, Frankfurt a. M., Tel. (0 69) 7 90 32 81; Fax 7 90 32 19, Internet: www.deutsche-touring.com.

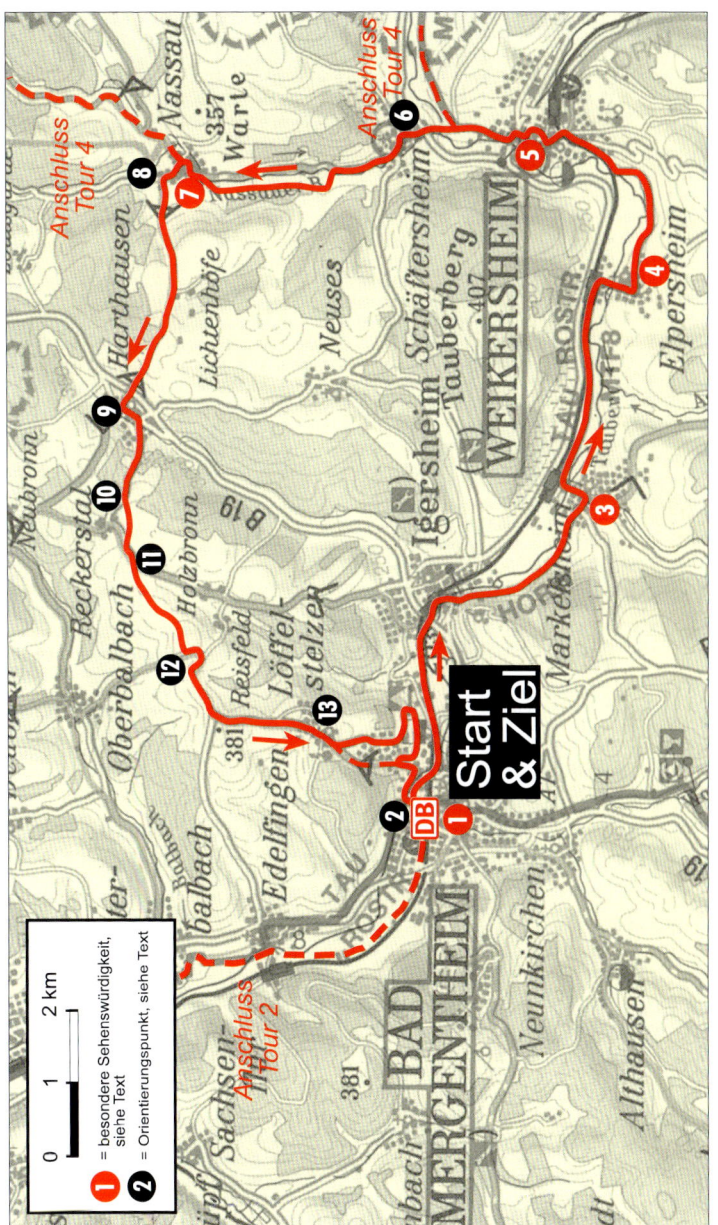

Verknüpfungen: im Taubertal von Mergentheim nördlich zu Tour 2, von Schäftersheim östlich zu Tour 5, von Nassau nördlich zu Tour 4; auf dem Hohenloher Residenzenweg südlich über Niederstetten Ri. Langenburg.

0,5 km

Wir fahren vom **Bahnhof Bad Mergentheim** – die **Stadtmitte** ❶ wird nach der Rückkehr besucht –, links die *Poststraße*, über die Bahn, am Kreisverkehr geradeaus, bei der Tauberbrücke ❷ rechts haltend auf den **Radweg »Liebliches Taubertal«** Richtung Weikersheim–Rothenburg.

Bad Mergentheim ist schön gelegen, hat eine reiche Geschichte – unter 600 Jahren Deutschem Orden entstanden Schloss und Schlosskirche – und gute Bausubstanz im Stadtkern aufzuweisen. Es hätte auch alles anders kommen können: Mit dem jungen Königreich Württemberg nach 1809 als der neuen Herrschaft waren viele Taubertäler und Hohenloher sehr unzufrieden. Ein Aufstand wurde blutig niedergeschlagen, Mergentheim geriet fast ins Abseits.

Da kam die Wiederentdeckung heilkräftiger Sole-Quellen im Oktober 1826 durch den Schäfer Franz Gehrig gerade recht, setzte doch eine kräftige Entwicklung ein, die bis heute nicht beendet scheint. Kurangebote mit vielen Heilanzeigen und »normaler« Tourismus profitieren voneinander. Jetzt wird sogar von radsportbegeisterten Kurhaus-Betreibern eine *Radsportkur* angeboten. Touren unter ärztlicher Betreuung und zu sehenswerten Plätzen und Orten im Taubergrund versprechen zusätzliche Anregung des Stoffwechsels: Fürs Wohlbefinden – »Wellness« – ist gesorgt.

Am **Kurpark** und an Sportanlagen – unter anderem dem Badezentrum »Solymar«, ein Tipp für nach der Tour – vorbei und neben der Bahn über **Igersheim** in den

6,2 km

alten Weinort **Markelsheim** ❸. Die hübsche Ortsmitte ist durch den Autoverkehr leider entwertet, eine »Flucht« zu Fuß böte der Weinlehrpfad, eine mit dem Rad fällt leicht:

Über die Tauberbrücke, gleich rechts, später durch **Elpersheim** und unter dem **NSG »Mutzenhorn«** ❹, das rechts am Hang liegt, vorbei.

Kurviertel Bad Mergentheim

An einigen Hängen an der Tauber und ihren Nebenbächen findet sich die für hier so typische Landschaft mit Steinriegeln und Hecken, Trockenwiesen und Blütenpracht. In Jahrhunderten wurden die Steine von den Bauern und Weingärtnern zusammengetragen, wirken auch wie »Heizungen« für Tiere und Pflanzen. Heute müssen diese Zeugnisse alter Bauernkultur gepflegt werden, damit sie nicht allmählich von Wald verdrängt werden.

Dann sind wir in Weikersheim **⑤** . Wir können uns ein Bild ma- 14,0 km chen, was »Residenz« bedeutet: Das Renaissanceschloss (Führungen täglich, Tel. 0 79 34/ 83 64, ein Teil ist Alchemie-Museum) besticht mit prächtigen Räumen – u. a. dem Rittersaal, Aufführungsort für die »jeunesses musicales«, der **barocke Garten** mit Orangerie und »Gnomengalerie« kann begeistern. Am Marktplatz laden **Stadtpfarrkirche**, **Tauberländer Dorfmuseum** und nicht wenige Gasthäuser ein.

Was B'sunnersch

... sind die „jeunesses musicales", eine Akademie für junge Musiker. Seit 50 Jahren werden Kurse in Kammermusik von renommierten Meistern ihres Fachs gegeben. Zum Abschluss musizieren Studentenensembles auch im Umkreis, die Dozenten lassen den Rit-

Weikersheim: die Gnomengalerie im Schlosspark

tersaal des Schlosses erklingen. Alle 2 Jahre findet im Hochsommer ein internationaler Opernkurs statt, Aufführungen auch im Schloss-hof (Tel. 0 79 34/ 9 93 60, Fax 99 36 40).

Variante: Eine große »Hohenloher Residenzen-Tour« ginge durch das Vorbachtal, über Schrozberg nach **Langenburg** und vielleicht auf dem Burgenweg hinüber nach **Rothenburg**, zu unserer Tour 5; ca. 70 km.

16,5 km

Weiter im Taubertal, den Radweg verlassen und direkt nach **Schäftersheim ❻** ; kurz auf der Straße, dann links im Tal des Nassauer Bachs auf einem Weg nach

Nassau 7 mit frühgotischen 20,0 km Fresken in der Kirche.

Auf der Straße Richtung Bernsfelden, am Ortsende links 8 und aufwärts an den 20,8 km **Lichtenhöfen** vorbei nach **Harthausen** 9 ; dort links und 25,4 km rechts auf der Straße, beim **Wegkreuz** 10 mit den Vier- 26,7 km zehn Heiligen auf der Höhe vor Reckerstal nur schräg links. Die Straße Richtung Igersheim 11 27,5 km wird schräg überquert, wir bleiben weiter auf einem Höhenrücken, umfahren eine Militäranlage links 12 , kommen nach 29,1 km **Löffelstelzen** 13 mit der Kir- 31,7 km che, deren Turm auch als Wasserbehälter für den hoch gelegenen Ort dient. Durch das **Kur- und Klinikviertel** abwärts zur Wolfgangkapelle an der Tauberbrücke 2 und hinüber in den historischen **Stadtkern** 1 oder gleich zum 36,0 km **Bahnhof Bad Mergentheim.**

Was B'sunnersch

... ist die große Abteilung **Puppenstuben** im **Deutschordensmuseum** (Tel. 0 79 31/ 5 22 12). Auch sonst finden hier anregende Wechsel-Ausstellungen statt.

Im Ochsenfurter Gau

Ochsenfurt - Giebelstadt - Gaukönigshofen - Ochsenfurt

In Ochsenfurt am Main, vom Weinland aus, lässt sich bequem zu dieser Runde aufbrechen. Nach ein paar Kilometern am Main bringt uns ein kräftiger Anstieg aus dem Tal auf den Gau und seine Dörfer, zu Getreide und Rüben, hie und da auch zu Bachläufen in wenig ausgeprägten, radelfreundlichen Tälern. Wer ganz bis ins Taubertal fahren mag und zurück auf dem Gaubahn-Radweg, kann leicht eine Unternehmung von mehr als 1 Tag mit über 80 Kilometern daraus machen. Zu sehen gibt es allemal genug, beinahe im Halbstundentakt. An schönen Orten begegnen wir einmal Ochsenfurt selbst, dann Sommerhausen, auch Giebelstadt hat reizvolle Ecken, schließlich Gaukönigshofen und Tückelhausen – um nur die wichtigsten zu nennen.

Start und Ziel:	*Ochsenfurt Bahnhof*
Streckenlänge:	*51 km, mit Taubertal 86 km*
Steigungen:	*von Winterhausen aus dem Maintal 1-mal kräftig rund 130 Höhenmeter, danach viele kleinere Hügel; auf der Gaubahn unbedeutend, vom Taubertal her aber rund 70 Höhenmeter.*
Sehenswürdigkeiten:	*Ochsenfurt: Altstadt; Sommerhausen: Ortsbild; Giebelstadt: Ruine Geyerschloss; Gaukönigshofen: Kirche, Synagoge; Tückelhausen: ehem. Kartäuserkloster (Museum); Variante ins Taubertal: Tauberrettersheim: Brücke; Röttingen: Stadtbild; Aub: Stadtbild.*
Karten und Informationen:	*siehe Einleitung S. 14/15 und Fremdenverkehrsbüro der Stadt Ochsenfurt, Hauptstr. 39, 97199 Ochsenfurt, Tel. (0 93 31) 58 55, Fax 74 93*
Verkehrsverbindungen:	*Bahn-Linie 920 Würzburg–Ochsenfurt–Ansbach, i. d. R. stündlich Regionalzüge; im Taubertal Linie 788 Wertheim–Lauda–Weikersheim–Crailsheim, etwa 2-stündlich Regionalzüge.*

Sommerhausen am Main, Winzer- und Künstlerdorf

Die Tour auf einen Blick

Nr km   **Beschreibung**

1 0,0   Vom **Bf. Ochsenfurt**
2 0,5   li. in die Altstadt und
3 1,0   re. über die **Alte Mainbrücke**, danach auf dem Maintal-
4 6,7   Radweg li. Beim Gasthof »Anker« am Mainufer re. hinein
5 7,0   nach Sommerhausen. Die Hauptstraße li. bis zur
6 7,4   Kreuzung,
             li. über den Main nach **Winterhausen**,
7 8,2   nach der Bahn re., gleich li. und den Berg hoch,
8 10,3 einmal li.–re. und
9 12,0 nach **Fuchsstadt**. Am Ortsende schräg li., nochmal li. und
10 15,8 geradeaus nach **Essfeld**. Re. *Adenauerstr.*, schräg re.
             unter B 19 bis
11 17,0 zum Abzweig li., an **Landstr.** re.–li.,
12 19,0 an der nächsten **Landstraße** scharf li. und
13 20,2 nach Giebelstadt.
14 21,6 Südlich aus dem Ort, re.–li.,
15 23,0 an **Herchsheim** vorbei, wieder re.–li.
16 24,5 und entlang Feuchtgebiet am Flachsbach.
             Noch einmal re.–li. und immer genau nach Süden, bis re.
17 28,7 die **Landstraße** von Gaurettersheim erreicht ist.
             Diese li., die B 19 queren,
18 30,8 noch vor Stalldorf bei den **Leitungen** li.,
             am Umspannwerk vorbei,
19 33,0 Landstraße queren, re.–li. und
20 36,3 im weiten Tal leicht abwärts nach **Sonderhofen**.
             Hauptstr. li., *Bahnhofstr.* re., auf den **Gaubahn-Radweg** li.,
21 39,0 an **Rittershausen** vorbei leicht bergab nach
22 41,5 Gaukönigshofen mit Barockkirche, Rathaus und
             Synagoge. Über **Acholshausen** – Spielplatz am Weg –
23 46,2 und mit Abstecher hoch nach Tückelhausen, zu
             Museum und Einkehr, geht es zurück nach
2 50,2 Ochsenfurt und
1 51,0 dort zum Bahnhof.

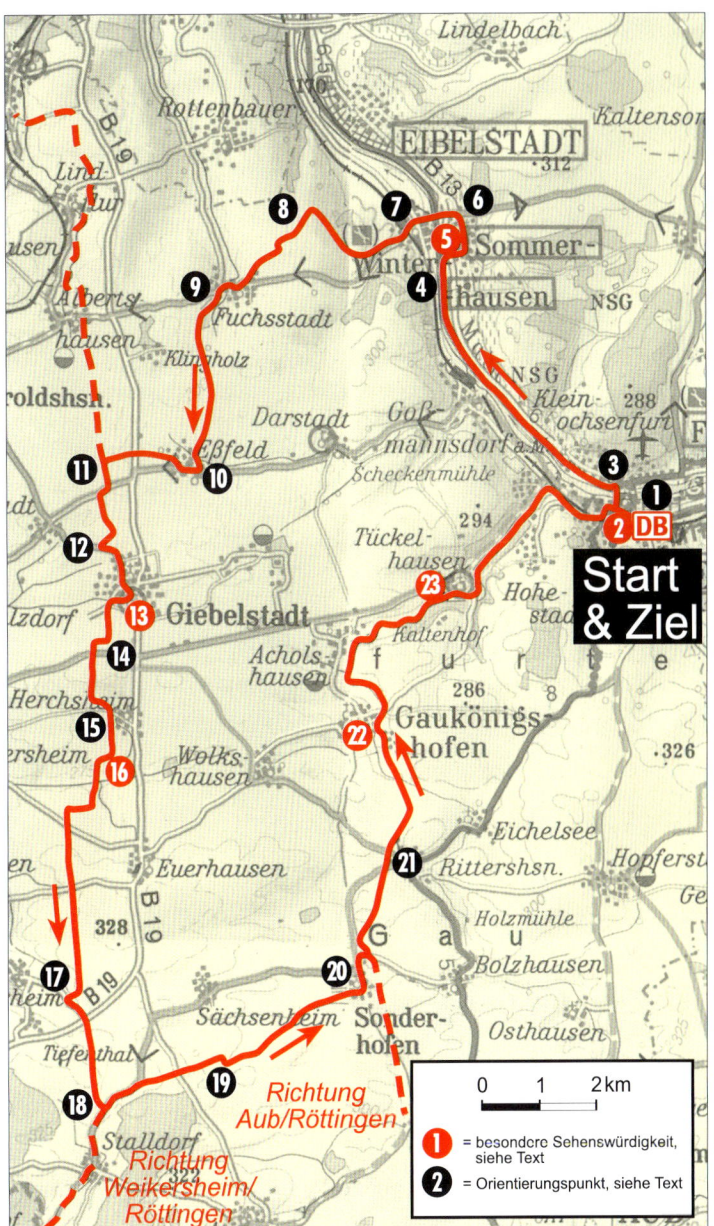

Richtung
Aub/Röttingen

Richtung
Weikersheim/
Röttingen

0   1   2 km

1 = besondere Sehenswürdigkeit,
siehe Text

2 = Orientierungspunkt, siehe Text

> *Verknüpfungen:*   über Stalldorf nach Nassau zu Tour 3 und ins Taubertal; auf der Gaubahn zur Tauber und zu Tour 5 bei Creglingen; am Main nach Würzburg zu Tour 1, nach Marktbreit zu Tour 6.

 Vom *Bahnhofplatz* **Ochsenfurt** ❶ fahren wir links auf *Marktbreiter Str.* und *Hauptstr.* in

0,5 km   die **Altstadt** ❷ , die noch fast vollständig ummauert erhalten ist. Das rote gotische **Rathaus** fällt auf, viele andere Häuser auch, darunter manches einladende Gasthaus. Wir biegen die *Brückenstraße*
1,0 km   rechts ab, kommen über die **Alte Mainbrücke** ❸ zum **Maintal-Radweg (MR)**.

6,7 km   Links geht es mainabwärts über **Kleinochsenfurt**, beim Gasthof »Anker« rechts ❹ ins malerische **Sommerhausen** ❺ und die Hauptstraße links.

Das bekannte Winzerdorf kam auch dank dem mit 50 Plätzen winzigen Theater im Würzburger Torturm zu seinem durch Handel und Kulturangebot gerechtfertigten Ruf als Künstlerdorf.

7,4 km   Auf der *Hauptstr.* geradeaus bis zur Kreuzung ❻ , links über die Mainbrücke und in **Winterhausen** hinter der Bahnunterführung gleich rechts (Radwegweiser Ri. Heidingsfeld) und
8,2 km   wieder links ❼ die *Alte Steige* hoch, nach Radwegweisern des Zweckverbands Naherholung Würzburg.

Das ist der einzige ernste Anstieg der Tour, knapp 15 %, schön durch Obstwiesen und Büsche, auch etwas Wald. Mit jedem Meter wird der Blick übers Maintal besser.

10,3 km   Ganz oben kurz links ❽ und wieder rechts ist bald **Fuchs-**
12,0 km   **stadt** ❾ mit der kleinen Brauerei Georg Wolf nebst »Bräustube« erreicht. Die *Dorfstr.* und schräg links *Albertshauser Str.* bis zum Ortsende, schräg links durch ein Tälchen, bei der Gabelung
15,8 km   links und leicht hügelig bis **Essfeld** ❿ , ein für den Ochsenfurter Gau typisch in eine Talmulde geschmiegtes Dorf.

Dank der fruchtbaren Böden gedeihen hier Gemüse und Getreide sowie jede Menge Rüben, die in der Ochsenfurter Zuckerfabrik verarbeitet werden. Immer wieder beleben auch Gehölzreihen und -gruppen vor allem in den feuchteren Tälern das Bild. So kahl, wie der landwirtschaftlich intensiv genutzte Gau bei flüchtigem Hinschauen wirkt, ist er also nicht.

In Essfeld rechts die *Adenauerstr.* und schräg rechts ortsauswärts einen Weg, unter der B 19 durch, beim Wegdreieck mit Gehölzpflanzung links, danach die **Landstraße** ⓫ kurz rechts, weiter mit Radwegweisung links, auf freiem Feld mit Knick rechts und wieder links die **Landstraße** ⓬ von Ingolstadt

17,0 km

19,0 km

nach **Giebelstadt** ⓭ , Markt- und Hauptort des Ochsenfurter Gaus mit schöner Ortsmitte um **Kirche** und jüngeres **Schloss**, an dem malerisch wilder Wein wächst. Das Andenken an Florian Geyer, den um 1490 hier geborenen Reichsritter und Bauernführer, wird mit Freilicht-Aufführungen auf der Bühne in seiner alten **Schlossruine** erhalten.

20,2 km

Die *Allersheimer Str.* führt zum südlichen Ortsrand, wir fahren markiert kurz links, gleich wieder rechts und weiter mit zweimaligem Knick ⓮ , aber generell nach Süden auf Wirtschaftswegen, über die Landstraße geradeaus bis an den Rand von **Herchsheim** ⓯ , das links liegen bleibt.

21,6 km

23,0 km

Nach einem Gefälle rechts und im Bogen links passieren wir ein **Feuchtgebiet** ⓰ , das vom Flachsbach gespeist wird.

24,5 km

Noch einmal rechts–links behalten wir die südliche Richtung bei, überqueren die Landstraße Euerhausen–Höttingen, fahren nach einem Gefälle rechts zur **Landstraße** ⓱ von Gaurettersheim. Diese links, die B 19 querend und auf der Landstraße weiter Richtung **Stalldorf** kommen wir an den südlichsten Punkt der kleineren Tour: Unter der **Hochspannungsleitung** ⓲ durch und gleich links bringt uns der Weg zu einem Umspannwerk, das zwischen der EnBW und den fränkisch-bayerischen Stromversorgern eine Rolle spielt.

28,7 km

30,8 km

Variante und Verknüpfung: Auf der Straße bei Punkt ⓲ einfach weiter nach **Stalldorf** und auf der Nebenstraße nach **Nassau**, zu-

Tauberrettersheim

letzt an einem Speichersee vorbei, bringt den Anschluss an Tour 3. Schön zu fahren ist die Fortsetzung der Runde über **Schäftersheim**, dort nach Osten auf dem Taubertal-Radweg über **Tauberrettersheim** und **Röttingen** nach **Bieberehren**, wo uns der **Gaubahn-Radweg** aufnimmt und – mit empfehlenswertem Abstecher nach **Aub** – fast mühelos wieder über **Sonderhofen** nach **Ochsenfurt** leitet.

Quer über die Landstraße, an einem Querweg **19** 200 m rechts und wieder links läuft es in der breiten Talmulde wie von alleine immer geradeaus. In **Sonderhofen** **20** biegen wir in die *Hauptstraße* links, am Ortsrand die *Bahnhofstraße* rechts und links auf den **Gaubahn-Radweg**.

33,0 km

36,3 km

Bis 1990 rollten zwischen Röttingen und Ochsenfurt jeden Herbst Abertausende Tonnen Zuckerrüben und bis 1974 mancher Personenzug. 1992 waren auch gelegentliche Dampfbahnfahrten zu Ende. Seit 1996 besteht der Radweg – was des einen Leid, ist hier der Radler Freud', denn dieser Weg stellt eine der bequemsten Verbindungen zwischen Main und Tauber dar. Allenfalls Rennradreifen mögen den Splitt und Feinschotter nicht so sehr.

An besonders heißen und trockenen Tagen sucht man schon einmal den Schatten, da könnte auch das Freibad von Gelchsheim rund 3 km südlich Sonderhofen helfen.

Jede Straßenquerung ist mit einer rot-weißen Absperrung signalisiert. Es gibt Reste der ehemaligen Verladeanlagen, durch Tafeln erläutert.

Wir streifen **Rittershausen** ㉑ mit dem Museum Klingel- 39,0 km
beutel (verschiedene klösterliche Themen, Tel. 0 93 37/ 99
68 89) normalerweise nur. Im nächsten Ort, **Gaukönigshofen** ㉒ 41,5 km
lohnt sich ein Besuch immer:

Auf dem Hügel leuchtet der vergoldete Schutzengel auf der **Barockkirche**, die auf Balthasar Neumann zurückgehen soll. Davor noch kommen wir an das **Rathaus** mit schnörkeligem Giebel, und die restaurierte **Synagoge** (Gemeindeverwaltung, Tel. 0 93 37/ 97 19-0, Fax 97 19-99) ist zu bestimmten Zeiten geöffnet. – Unten nah am Radweg wartet die Gaststätte »Gaubahn« mit einem Biergarten auf.

Danach in **Acholshausen** liegt ein großer Spiel- mit kleinem Bolzplatz direkt an der Radstrecke, die am Thierbach verläuft. Der Abstecher nach

Tückelhausen ㉓ lohnt sich vor allem dann, wenn das **Kartäu-** 46,2 km
sermuseum im ehem. **Kloster** geöffnet hat (Kunstreferat der Diözese Würzburg Tel. 09 31/ 3 86-2 90, Fax 3 86-2 62).

Was B'sunnersch
Über das Leben und Arbeiten der Kartäusermönche hinaus besticht das Museum durch seine Abteilung moderner sakraler Kunst. Und das Gasthaus »Kartäuserklause« kommt so kurz vor Schluss auch recht.

Von hier zurück nach **Ochsenfurt** ❷ auf dem gepflegten Radweg ist es nicht mehr weit.

Tückelhausen:
Museum für moderne Kirchenkunst

Mit Umweg nach Rothenburg

Der Radweg im Taubertal ist beinahe ideal, auch wenn wir uns seit einiger Zeit den Platz hie und da mit Inlineskatern teilen müssen. Nur für eines kann niemand etwas: für die Topographie, die dem Weg zwischen Creglingen und Rothenburg tauberaufwärts teils überraschend kräftige und lang gezogene Steigungen »beschert«. Zwar gibt es auch kürzere Abfahrten zwischendurch, wir empfehlen aber, aus der Not eine Tugend zu machen und – wenn schon über Hügel – dann gleich einen anregenden Umweg zu fahren. So genießen wir ruhige Sträßchen und Wege, sehen gleich noch einige Dinge, die kaum jemand kennt, und nähern uns Rothenburg von einer Seite, die durchaus Überraschungen bereithält. Sind die Beine dann müde vom Kopfsteinpflaster, so erwartet uns zurück nach Creglingen entlang dem eher charaktervollen als nur lieblichen Taubertal mehr Ab als Auf.

Start und Ziel:	*Creglingen – per Rad auf dem Radweg von Weikersheim her – oder Rothenburg o. d. T., Bahnhof.*
Streckenlänge:	*39 km ohne Stadtrundfahrt Rothenburg.*
Steigungen:	*von Creglingen über Oberrimbach–Spielbach ca. 180 Höhenmeter, bis ins Taubertal ca. 40, nach Rothenburg hinauf ca. 70 Höhenmeter; im Taubertal bis Creglingen einige Gegenanstiege, ca. 100 Höhenmeter insgesamt.*
Sehenswürdigkeiten:	*Creglingen. Altstadt, Herrgottskirche; Münster: Kirche; Oberrimbach: Lindenplatz, Taufstein; Rothenburg o. d. T.: gesamte Altstadt und einzelne Bauten im Taubertal; Detwang: Kirche; Tauberzell: Kunstpfad.*
Karten:	*siehe Einleitung S. 14/15*

Rothenburg o. d. Tauber

Die Tour auf einen Blick

Nr km   Beschreibung

1 0,0   Start in Creglingen, den *Mühlweg* ins Münstertal,
2 1,6   li. über den Bach zur Herrgottskirche.
3 3,6   Auf der Straße nach Münster,
4 6,5   weiter bis zum Abzweig,
5 8,3   re. mäßig bergauf über **Lichtel** nach **Oberrimbach**,
6 8,7   re., bei der Rechtskurve geradeaus zum Lindenplatz.
         Nächster Weg re., mäßig bergauf, am Waldrand entlang
7 10,0 zum Taufstein, geradeaus, nächste Landstraße re.
8 12,2 nach **Spielbach**, li. und bald re. nach
9 14,4 **Heiligenbronn**, re. – nach Wunsch zum Badesee – bis
10 16,1 **Enzenweiler**. Von dort auf dem Burgenweg,
11 17,5 an der Straße li.,
12 18,1 durch **Leuzenbronn**, Hemmendorf, das Vorbachtal
         abwärts zur Tauber.
13 21,2 Bei der **Bronnenmühle** rechts die Schleife unterhalb
14   Rothenburg bis zur Doppelbrücke über die Tauber,
         li. hoch in die Stadt.
         Wieder hinunter auf dem Radweg Romantische Straße/
         »Liebliches Taubertal«,
15 22,0 unten li. nach Detwang und weiter über Bettwar,
16 29,0 **Tauberscheckenbach**,
17 31,5 Tauberzell,
18 35,8 **Archshofen** nach
1 39,0 Creglingen.

Informationen: Touristikzentrum Oberes Taubertal, Bad Mergentheimer Str. 14, 97001 Creglingen, Tel. (0 79 33) 6 31, Fax 7 01 30, E-Mail: touristinformation-creglingen@t-online.de Rothenburg Tourismus Service, Marktplatz 2, 91541 Rothenburg o. d. T., Tel. (0 98 61) 4 04 92, Fax 8 68 07, Internet: www.rothenburg.de

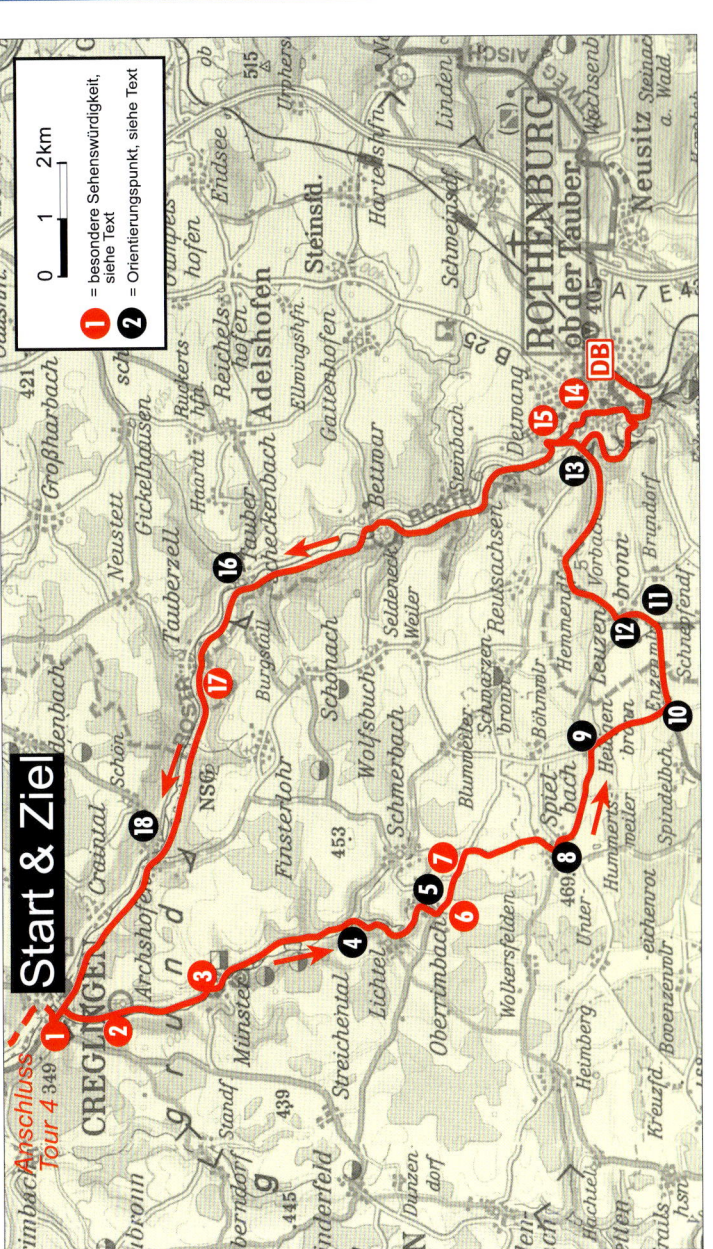

Verkehrsverbindungen:	*Weikersheim–Rothenburg Radelbus des OVF Nürnberg, Tel. (09 11) 98 97 81-0; entlang der Romantischen Straße Busradeln mit Deutsche Touring, Frankfurt a. M., Tel. (0 69) 7 90 32 81; Fax 7 90 32 19, Internet: www.deutsche-touring.com Bahn-Linie 921 Steinach–Rothenburg je nach Wochentag 1- bis 2-stündlich Regionalzüge, mit Anschluss an Linie 920 Würzburg–Ansbach.*
Verknüpfungen:	*von Creglingen im Taubertal zur Variante der Tour 4 und in Schäftersheim zu Tour 3.*

Creglingen ❶, lange Zeit im Territorium der Markgrafen von Ansbach-Brandenburg, hat in der Altstadt über der Tauber schöne Winkel und bemerkenswerte Bauten aufzuweisen: zum Beispiel die wuchtige **Kirche** oder den **Faulturm** (Nutzung als originelle Ferienwohnung, Tel. 0 79 33/ 71 95).

> Wir folgen dem *Mühlweg* ins Münstertal, fahren links über den Bach

1,6 km zur **Herrgottskirche** ❷ (Tel. 0 79 33/ 3 38): Das feine gotische Bauwerk ist mit einer Außenkanzel versehen – auch an der Kirche von Gnodstadt bei Ochsenfurt im ansbachischen Herrschaftsbereich gab es eine für die Predigten vor einer großen Zahl Wallfahrer. Unter den wertvollen Kunstwerken in der Herrgottskirche ragt Tilman Riemenschneiders Marienaltar heraus, in dessen wunderbarem Schnitzwerk er auch sich selbst plastisch verewigt hat.

> Auf der Landstraße nach **Münster**, wo eine gedrungen wir-
3,6 km kende romanische **Kirche** ❸ steht. Sanft das Tal weiter berg-
6,5 km auf, ab dem Abzweig ❹ nach rechts steigt es kurz kräftiger. Über das untere **Lichtel** – rechts steil in den oberen Ortsteil und weiter ist ein Abstecher zum **Landturm**, Teil der Rothenburger
8,3 km Landhege möglich – wird **Oberrimbach** ❺ erreicht: Im Ort rechts ab, bei der Rechtskurve der Landstraße geradeaus, nach
8,7 km etwa 300 m links zum **Lindenplatz** ❻ , einer stattlichen Baumgruppe – mit Bänken darunter.

Den nächsten Weg rechts und später am Waldrand entlang zum frühchristlichen **Taufstein** ❼ , einem zauberhaften Platz an feuchter Stelle mit Weiden drumherum. — 10,0 km

Die nächste Straße rechts nach **Spielbach** ❽ , dort links, bald rechts bis **Heiligenbronn** ❾ , rechts – nach Wunsch an oder in den kleinen Badesee – bis **Enzenweiler** ❿ , links und von hier auf dem **Burgenweg** weiter: an der Straße ⓫ links, durch **Leuzenbronn** ⓬ und über Hemmendorf und das **Vorbachtal** abwärts – bei gutem Blick auf Rothenburgs Mauern, Türme und Burg – bis zur Tauberbrücke an der **Bronnenmühle** ⓭ .

12,2 km
14,4 km
16,1 km
17,5 km
18,1 km

21,2 km

Ein **Tipp** zur Vereinfachung: Sie nehmen Ihre Räder noch bis zum Gasthaus »Unter den Linden« (Tel. 0 98 61/ 59 09, mit Bierwiese direkt an der Tauber) tauberabwärts bei der Barbarossabrücke mit, schließen sie an und gehen die wenigen hundert Meter zu Fuß hinauf in die Stadt.

Mit dem Rad aber vor der Tauber rechts die Schleife unterhalb **Rothenburg** ⓮ vorbei am **Toppler-Schlösschen** bis zur **Doppelbrücke** und links hoch in die Stadt. – Vom Bahnhof Rothenburg ist die Stadt auch schnell zu erreichen, so kann selbst von Würzburg aus diese Tour als Tagestour gestartet werden.

Als Inbegriff einer trutzigen, stolzen freien Stadt im Heiligen Römischen Reich Deutscher Nation hat **Rothenburg** ungeheuer viel zu bieten, nicht nur Romantik. Alles in wenigen Stunden anzuschauen, ist unmöglich. Unsere Empfehlung heißt daher: mit oder auch ohne Stadtplan einfach ein wenig treiben lassen und den vielen Menschen aus aller Welt zuschauen. Und nur ansehen, worauf man gerade Lust hat, denn irgendwann werden Sie wiederkommen. Es gibt unvergleichliche Kunstwerke wie den Heiligblutaltar von Tilman Riemenschneider in der **St.-Jakobs-Kirche**. Das **Historiengewölbe** am *Marktplatz* zeigt Rothenburg, wie es im 30-jährigen Krieg sich ständisch gliederte und aus den Ereignissen möglichst unbeschadet zu retten trachtete. Über mittelalterliche Rechtskunde nicht nur in der Stadt gibt das **Kriminalmuseum** Einblicke, unter Umständen starker Tobak. Wer auf dem Marktplatz mit dem stets umlagerten Renaissance-Rathaus zur vollen Stunde von 11 bis 15 und 20 bis 22 Uhr ausharrt, kann den legendären Meistertrunk an der Kunstuhr verfolgen.

Rothenburg o. d. Tauber von der Burg her

Was B'sunnersch

… ist eine Führung mit dem Nachtwächter, Infos erteilt der Tourismus Service Rothenburg.

Eine Anmerkung noch: Im Bauernkrieg formulierten Angehörige der Rothenburger Landwehr bereits demokratische Forderungen nach Gleichheit aller Menschen, lange bevor ebensolche in der Amerikanischen und Französischen Revolution auf die Fahnen geschrieben wurden.

Auf der *Mergentheimer Str./ Hindenburgstr.* mit zwei großen Kurven wieder hinunter ins Taubertal zum Radweg **»Liebliches Taubertal«/Romantische Straße**. Unten rechtzeitig bremsen, es geht links

nach **Detwang** ⑮, wo in der romanischen **Kirche St. Peter und Paul** ein Kreuzigungsaltar vom Meister Riemenschneider steht.

22,0 km

Weiter über Bettwar, **Tauberscheckenbach** ⑯ nach **Tauberzell** ⑰ – dort haben Sie vielleicht Zeit für eine kleine Extrarunde auf einem Kunstpfad, an dem teils archaisch, teils sehr modern anmutende Plastiken aus Holz und Metall stehen.

29,0 km

31,5 km

Einkehr bietet sich noch einmal an bei der Holdermühle, ehe die Gegenanstiege in **Archshofen** ⑱ vorüber sind und es flach nach **Creglingen** ❶ geht.

35,8 km

39,0 km

Kirchenburgen im Landkreis Kitzingen

Kitzingen - Kleinlangheim - Iphofen - Mönchsondheim - Hüttenheim - Marktbreit - Kitzingen

Über den Weinreichtum speziell um Kitzingen, die alte Weinhandelsstadt, wurde schon berichtet. Durch das günstige Klima gefördert, bedeutet dies: rund 2.900 Hektar Rebfläche, also die Größe von rund 4.000 Fußballplätzen. Lagen mit klangvollen Namen reihen sich am Main und wenige Kilometer weiter östlich am Steigerwald aneinander. Weil sich die Natur nicht an Regierungsbezirksgrenzen hält, reicht das »Weinparadies Franken« auch bis um Bullenheim und Ippesheim im Bereich der Mittelfränkischen Bocksbeutelstraße.

Befestigte Kirchhöfe, seit etwa 150 Jahren nach siebenbürgischen Vorbildern *Kirchenburgen* genannt, waren lange Zeit – nicht nur in Unter- und Mittelfranken – Zufluchtsort in Kriegs- und Notzeiten für die Dorfbewohner. Zudem boten die Gaden Lagerraum und Versteck für Hab und Gut. Mit fortgeschrittener Waffen-, Haus- und Kühltechnik verloren viele Anlagen ihre Bedeutung. Gerade rechtzeitig, bevor sie ganz verfielen, hat man sich vielerorts dieser einmaligen Kulturdenkmäler besonnen und sie mit teils erheblichen Mitteln gerettet.

Start und Ziel:	*Kitzingen, Bahnhof oder Stadtmitte, Alte Mainbrücke.*
Streckenlänge:	*Kitzingen–Iphofen–Hüttenheim–Marktbreit 56 km; Marktbreit–Kitzingen 13 km. Steigungen: mehrere kürzere, insgesamt rund 200 Höhenmeter.*
Sehenswürdigkeiten:	*Kitzingen: Altstadt, Fastnachtsmuseum; KT-Etwashausen: Heiligkreuzkirche; Kleinlangheim: Kirchenburg; Iphofen: Altstadt, Knauf-Museum; Mönchsondheim: Kirchenburg mit Museum; Hüttenheim: Kirchenburg und Dorfbild; Marktbreit: Altstadt.*

Iphofen: Stadtbefestigung

Die Tour auf einen Blick

Nr	km	Beschreibung
1	0,0	Vom Bahnhofsvorplatz **Kitzingen** re., gleich li. die *Friedrich-Ebert-Str.*, den *Hindenburgring* (B 8) queren,
2	0,8	am **Falterturm** vorbei und li. zur Altstadt. Re. über die *Alte Mainbrücke* nach **Etwashausen**,
3	1,5	bei der Heiligkreuzkirche li. auf den **Maintal-Radweg**
4	4,5	und bis **Albertshofen**. Nach re., östlich leitet Kreis-Radweg 4: erst *Neue Flurstraße*, danach unterschiedliche
5	6,5	Wege mit 1 Straßenquerung nach
6	15,0	Kleinlangheim mit der großen **Kirchenburg**.
7	19,0	Auf Krs.-Radweg 5a nach **Wiesenbronn**. Die *Haupt-*
8	19,5	*straße* re., durch den Ort, schräg re. Ri. Großlangheim,
9	20,3	500 m nach Ortsende guter Weg li., Landstr. Ri. Rödelsee queren und nun mit **Krs.-Radweg 5** bergauf.
10	22,0	1. Betonweg in den Weinbergen re.,
11	23,3	die Straße zum Schwanberg queren – Abstecher steil, aber lohnend – und geradeaus – Abstecher zum Juden-
12	27,0	friedhof re. – über Rebhügel nach Iphofen.
13	30,2	Auf Krs.-Radweg 9 nach **Markt Einersheim**,
14	31,0	in den Ort und re., am Bach schräg re. und weiter
15	33,0	zur **Vogtsmühle**, dort li. und am Breitbach nach
16	34,4	Mönchsondheim.
17	36,2	Weiter Breitbach-aufwärts über **Nierenmühle**,
18	37,0	**Herrgottsmühle** und
19	39,2	re. **Nenzenheim** nach
20	41,5	Hüttenheim.
		Auf dem Main-Steigerwald-Radweg südlich bergauf,
21	45,0	halb um den Bullenheimer Berg , dann re. über
22	45,8	**Bullenheim** ins Iffbachtal,
23	46,5	bei der **Gemeindemühle** re. und vorbei an 3 Mühlen
24	48,7	nach Wässerndorf. Li. aufwärts zur **Schlossruine** und
25	50,5	über Winkelhof ins Ickbachtal. Re. über
26	54,2	**Obernbreit** und
27	56,0	Marktbreit an den Main, auf Maintal-Radweg über
28	60,8	**Marktsteft** und
3	67,2	Etwashausen zurück nach
2	68,8	Kitzingen.

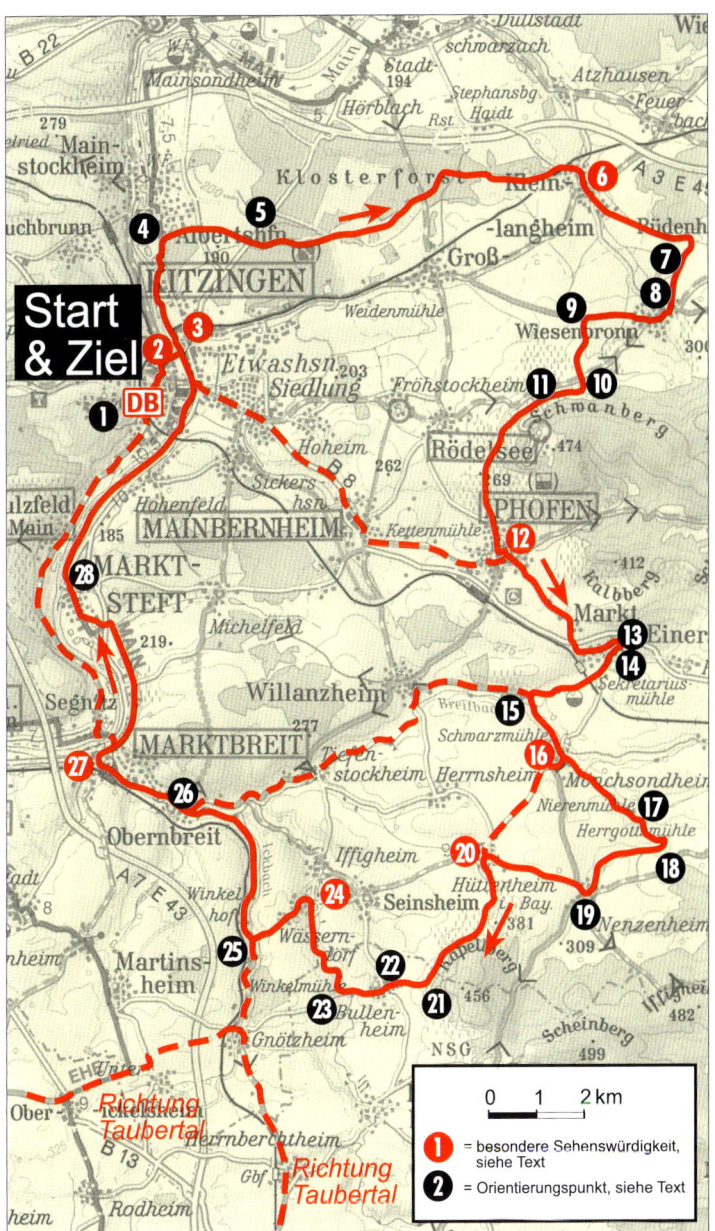

Karten und Informationen:	*siehe Einleitung S. 14/15 und Tourist-Information Stadt Kitzingen am Main, Schrannenstr. 1, 97318 Kitzingen, Tel. (0 93 21) 92 00-19/-49, Fax 2 11 46, E-Mail: tourist@stadt.kitzingen.de, Internet: www.stadt.kitzingen.de Tourist-Information Iphofen, Marktplatz 26, 97346 Iphofen, Tel. (0 93 23) 87 15-44, Fax 87 15-55, Internet: www.iphofen.de Gäste-Information Markt Willanzheim, 97348 Willanzheim, Tel. (0 93 23) 38 77, Fax 87 03 77 Tourist-Information Marktbreit, Tel. u. Fax: (0 93 32) 4 05 44, E-Mail: touristinfo@marktbreit.de, Internet: www.marktbreit.de*
Fahrradservice- und verleih:	*2-Rad-Brunner, Kitzingen, Tel. (0 93 21) 64 97; Zweirad Herrmann, Iphofen, Tel. (0 93 23) 33 31.*
Verkehrsverbindungen:	*Bahn-Linien 805 Würzburg–Kitzingen-Neustadt/Aisch–Nürnberg sowie 920 Würzburg–Marktbreit–Steinach–Ansbach, ca. stündlich Regionalzüge.*
Verknüpfungen:	*mit Tour 4 am Main nach Ochsenfurt, mit Tour 7 in Kitzingen, mit Tour 5 über Gnodstadt oder Gnötzheim–Aub oder Ippesheim–Uffenheim–Steinachtal nach Creglingen im Taubertal.*

Vom Bahnhofsvorplatz **Kitzingen** ❶ fahren wir rechts, gleich links auf die *Friedrich-Ebert-Str.* und queren den *Hindenburgring* (B 8).

0,8 km Teil der Stadtbefestigung ist der **Falterturm** mit dem **Deutschen Fastnachtsmuseum**. An ihm vorbei links zur **Altstadt** ❷ mit Renaissance-**Rathaus**, **Conditorei-Museum**, barocker **Petrini-** und spätgotischer **Johanneskirche** sowie der **Kitz-Galerie** und dem **Deusterturm** mit Vogelkundeausstellung.

Über die *Alte Mainbrücke* nach **Etwashausen**, dort steht Balthasar Neumanns **Heiligkreuzkirche** ❸ – »die vom 50-Mark-Schein«.   1,5 km

Links auf den **Maintal-Radweg** und durch Gemüsefelder bis **Albertshofen** ❹ . Nach rechts, östlich leitet Kreis-Radweg 4: erst *Neue Flurstraße*, dann durch Felder und an schönen Waldrändern.   4,5 km
1 größere ❺ , 2 kleinere Straßen queren, im Wald ca. 500 m auf   6,5 km
»rustikalem« Weg, dann auf Asphalt nach **Kleinlangheim** ❻   15,0 km

mit einer der größten **Kirchenburgen** in Franken: Auf vielen Vorgängerbauten wurde die heutige evangelische Kirche im Barock schön gestaltet und im Jahr 2000 renoviert. Es gibt Reste älterer Wandmalereien, hölzerne Emporen, eine mit Bilderzyklus, und die Orgel weist das seltene Register »undamaris« (Meereswelle) auf.

Auf Kreis-Radweg 5a nach **Wiesenbronn** ❼ , das hier am   19,0 km
Steigerwaldrand als »Rotweininsel« gilt. Die *Hauptstraße* rechts, vorbei an Sühne- und Gedenksteinen, entgehen wir dem Verkehr mit einem kleinen Umweg: die Straße rechts ❽ Richtung   19,5 km
Großlangheim, 500 m nach Ortsende links ❾ einen Fahrweg und   20,3 km
über die Landstraße hinweg bergauf wieder auf dem Kreis-Radweg 5 in die Weinberge.

Der erste Weg rechts ❿ bringt uns durch ein Wein- und Radelparadies: links der bewaldete **Schwanberg**, über den der Kelten-Erlebnisweg verläuft, rechts weites Acker- und Wiesengelände mit eingestreuten Wäldern und Orten bis zum Main hin, vor uns ein sanftes Auf und Ab mit guter Aussicht.   22,0 km

Die Straße zum Schwanberg ⓫ querend Richtung Iphofen.   23,3 km
Wo der Kreis-Radweg 5 rechts abzweigt, können wir ihm folgen, **Rödelsee** besuchen und einen Blick über die Mauer des **Judenfriedhofs** südlich davon werfen, oder geradeaus weiterfahren. Zuletzt geht es abwärts nach

Iphofen ⓬ , dessen vollständig ummauerten Stadtkern wir durch   27,0 km
das im ganzen Land bekannte **Rödelseer Tor** erreichen. Die wohlhabende Stadt – dank Weinbau auf schweren, wärmespeichernden Gipskeuperböden und dem Gipsabbau zu Bauzwecken – lässt sich mit einem ausgedehnten Rundgang an den Mauern, Toren und Türmen gut erfassen. Innerhalb laden gepflasterte Gassen, hübsche

Winkel, Geschäfte und Lokale sowie kunsthistorisch bedeutende Bauwerke wie das barocke **Rathaus** oder die **Veitskirche** mit einer Riemenschneider-Statue von Johannes dem Evangelisten, außerdem die neue **Vinothek** nebst Galerie zu längerem Aufenthalt. Und der kombinierte Wein- und Geologie-Lehrpfad reicht bis auf die Schwanberghöhen.

Was B'sunnersch

Zum örtlich gewonnenen Grundstoff passt das **Knauf-Museum**. Wer keine Reisen nach Griechenland, Ägypten oder zu den Osterinseln machen kann und will, darf hier Repliken antiker Kunstwerke aus 4 Erdteilen und 5 Jahrtausenden bewundern (Tel. 0 93 23/ 31-4 87 o. 31-5 28), außerdem Sonderausstellungen zu anderen Themen.

Abkürzung: Von Iphofen führt eine bequeme Radstrecke über das schöne **Mainbernheim** direkt nach Kitzingen.

Östlich durch das **Einersheimer Tor** auf den Kreis-Radweg 9, die B 8 queren und nach **Markt Einersheim** **⓭** . Das frisch renovierte **Rathaus** besticht, wir fahren die *Mönch-*

Steigerwaldrand bei Iphofen, rechts der Schwanberg

sondheimer Str. rechts abwärts, am Bach schräg rechts , 31,0 km
unter der Bahn durch, am Terrassenschwimmbad vorbei; danach
den Bach queren, bei der **Vogtsmühle** links und am Breit- 33,0 km
bach nach

Mönchsondheim . Vorreiter bei der Rettung der Kirchenbur- 34,4 km
gen im Kreis Kitzingen war ein rühriger Verein. Er betreut heute
noch die Anlage nebst manchem Nachbargebäude. Seit 1981
vermittelt das **Fränkische Bauern- und Handwerkermuseum**
(Tel. 0 93 26/ 12 24 oder 92 81 90, Fax 92 83 81) einen breiten
Überblick über Leben und Arbeiten auf dem Land; so auch in der
Dauerausstellung »Sunndogskläd und Werkdogswoar«. Die Kir-
chenburgschänke (Tel. 0 93 26/ 10 99) lädt zur Einkehr.

Abkürzung: Von Mönchsondheim zurück zur **Vogtsmühle**
und im Breitbachtal über **Willanzheim**, wo die Kirchenburg im
2. Weltkrieg Schäden erlitt und jetzt renoviert ist, und **Tiefen-
stockheim**, wo an der Kirchenburg noch restauriert wird, nach
Obernbreit.

Rathauseinweihung in Einersheim

Weiter Breitbach-aufwärts über **Nierenmühle** (Einkehr und Übernachtung, Tel. 0 93 26/ 15 27, Fax 90 26 18, Internet: www.nierenmuehle.de) ⓱ , **Herrgottsmühle** ⓲ und auf Kreis-Radweg 9 über **Nenzenheim** ⓳ nach

36,2 km
37,0 km
39,2 km

41,5 km **Hüttenheim** ⓴ , das sich in den letzten Jahren schwer gemausert hat. An manchen Tagen sind mehrere Gruppen im Ort unterwegs, um den Spuren des »Fremdenführers« Hiddo, dem Merowinger im Faltblatt, auf einem höchst aufschlussreichen Dorfspaziergang zu folgen (Führungen Tel. 0 93 23/ 38 77): Es gibt viel zu sehen, vom **Marktplatz** aus die **Kirchenburg**, den **stattlichen Ebracher Hof**, die ehemalige **Synagoge** und etliche andere Bauten und Winkel mehr. – Und als Leckerbissen für jeden Rad-Technik-Fan wartet (nach Voranmeldung, Tel. 0 93 26/ 3 48) eine private Sammlung auf Besuch.

Auf dem Main-Steigerwald-Radweg südlich bergauf, halb um den rebenbestandenen Bullenheimer Berg ㉑ – ein Abstecher links zu Fuß zur **Kunigundenkapelle** lohnt. Rechts über **Bullenheim** ㉒ , Winzerort mit schönem Rathaus, ins Iffbachtal. Bei der **Gemeindemühle** ㉓ rechts und vorbei an 3 weiteren

45,0 km

45,8 km

Schlossruine Wässerndorf

Mühlen nach **Wässerndorf** ㉔ . Links aufwärts zur **Schlossruine**, die 1945 in den letzten Kriegstagen beschossen wurde und teilweise ausbrannte. — 48,7 km

Weiter über den Hügel am Winkelhof ins Ickbachtal ㉕ . — 50,5 km

Verknüpfungen: Ins **Taubergebiet**, Touren 2 bis 5, führen von hier links zwei gute Strecken: über Gnötzheim, Herrnberchtheim, Gollhofen, Brackenlohr, Wallmersbach und das **Steinachtal** mit dem ehem. Kloster Frauenthal Richtung **Creglingen**. Oder in Gnötzheim rechts über die Bahn, danach schräg links, vorbei an Unter- nach Oberickelsheim, Geißlingen, Gülchsheim, Hemmersheim, bei gutem Wetter im Gollachtal auf dem Kunigunden-Wanderweg direkt nach **Aub**, sonst auf der Landstraße, und weiter auf dem Gaubahn-Radweg zur Tauber.

Rechts über **Obernbreit** ㉖ nach **Marktbreit** ㉗ mit seinen vielen ansehnlichen Bauten, allen voran das malerisch über den Breitbach gebaute **Rathaus**. — 54,2 km / 56,0 km

Nahe dem **Alten Kranen** kommen wir an den Main und auf dem **Maintal-Radweg** über **Marktsteft** ㉘ mit dem alten markgräflich-ansbachischen Mainhafen und **Etwashausen** ❸ oder über die Brücke und Segnitz–Sulzfeld zurück nach **Kitzingen** ❷ . — 60,8 km / 67,2 km / 68,8 km

79

Von Würzburg nach Volkach

Würzburg - Rimpar - Volkach - Kitzingen oder Würzburg

S o sanft der Main-Werra-Radweg von Anfang an über Rimpar ins gewundene Pleichach-Tal leitet, so sanft setzt sich diese Tour fort: durch fruchtbare Äcker und Gärten, aber auch an einem größeren Feuchtgebiet vorbei bis zu den Wäldern, Tümpeln und Weinbergen an der berühmten Mainschleife von Volkach. Für den Rückweg haben wir uns zwei gegensätzliche Möglichkeiten aufgespart. Nach einer Fährfahrt wartet ein kräftiger Anstieg, der uns besten Überblick über die »Weininsel« von Nordheim–Sommerach verschafft und mit ein paar »Wellen« zurück nach Würzburg führt. Oder Sie fahren einfach im Maintal über Dettelbach nach Kitzingen zum Zug.

Start:	*Würzburg, Hauptbahnhof.*
Ziel:	*Kitzingen, Bahnhof oder Würzburg.*
Streckenlänge:	*Würzburg–Volkach 38 km einfach, zurück 31 km, Maintal-Radweg Volkach–Kitzingen 22 km.*
Steigungen:	*bis Volkach etwa 150 Höhenmeter, auf dem Rückweg über die Hügel zusätzlich rund 200 Höhenmeter, im Maintal unbedeutend.*
Sehenswürdigkeiten:	*Rimpar: Schloss Grumbach; Maidbronn: Kirche; Untereisenheim: Ortsbild; Volkach: Wallfahrtskirche, Stadtbild; Nordheim-Escherndorf: Ortsbild; Schwarzach: Kloster Münsterschwarzach; Dettelbach: Wallfahrtskirche, Stadtbild; Kitzingen: Altstadt.*
Karten und Informationen:	*siehe Einleitung S. 14/15 und Tourist-Information Volkacher Mainschleife, 97332 Volkach, Tel. (0 93 81) 4 01 12, Fax 4 01 16 (auch für Fährbetrieb Fahr und Nordheim)*

Wallfahrtskirche »Maria im Weingarten« bei Volkach

Verkehrsverbindungen:	Bahn-Linien 805 Würzburg–Kitzingen und 810 Würzburg–Schweinfurt, mind. stündlich Regionalzüge
Fahrrad-Taxi mit Anhänger:	Ernst Leykamm, Volkach, Tel. (0 93 81) 33 22, E-Mail: service@taxi-volkach.de, Internet: www.taxi-volkach.de.
Verknüpfungen:	von Rimpar über Güntersleben zu Tour 1; von Volkach zu Tour 11; in Kitzingen zu Tour 6

0,6 km
2,3 km
3,8 km

10,0 km

Vom **Hbf. Würzburg** auf dem **Main-Werra-Radweg** und nach örtlicher Wegweisung zum Kreisel *Berliner Platz* ❶ und am Abzweig der Wege nach Estenfeld, Rottendorf–Dettelbach ❷ vorbei nach **Versbach** ❸ . Rechts *Ostpreußenstr.*, links *Frankenstr.* und weiter im gewundenen, von Wald, Wiesen und Heide gesäumten **Pleichachtal** bis **Rimpar** ❹ . Dort rechts über die Pleichach und links den Mühlwiesenweg zum

10,7 km **Schloss Grumbach** ❺ mit Renaissance-Portal und vielfältiger Funktion: Rathaus, **Museum** für Archäologie und Bäckerhandwerk (Tel. 0 93 65/ 92 45) sowie Gaststätte.

Verknüpfung: Von Rimpar westlich auf der *Burgstr.* Richtung Güntersleben zur Tour 1.

13,5 km

Weiter im Pleichachtal nach **Maidbronn** zur ehem. **Klosterkirche St. Afra** ❻ , in der ein spätes Werk Tilman Riemenschneiders, ein Sandstein-Relief der Beweinung Christi im barocken Altar integriert ist.

17,5 km

20,5 km

23,8 km

Über die Pleichach, zweimal links, später mäßig bergauf bis über die A 7, dann bergab nach **Mühlhausen** ❼ . Links und wieder rechts am Flüsschen und durch den *Wiesenweg* nach **Unterpleichfeld** ❽ , eine richtige Blumen-, Obst- und Gemüse-Gemeinde mit viel Direktverkauf und Bioladen. An der Hauptstr./ B 19 links, dann den *Futterweg* rechts und weiter am Bach nach **Oberpleichfeld** ❾ . Kurz rechts–links, unter der Bahn durch, links und über einen Hügel.

Die Tour auf einen Blick

Nr km   **Beschreibung**

Start am **Hbf. Würzburg**, auf dem **Main-Werra-Rad-**
① 0,6   **weg** über *Berliner Platz* und vorbei am Abzweig Ri.
② 2,3   Estenfeld/Rottendorf im **Pleichachtal** über
③ 3,8   **Versbach** nach
④ 10,0 **Rimpar** zum
⑤ 10,7 **Schloss Grumbach**.
⑥ 13,5 An der Pleichach nach **Maidbronn** zur **Kirche St. Afra**,
⑦ 17,5 über einen Hügel weg vom Fluss nach **Mühlhausen**,
⑧ 20,5 wieder zur Pleichach und über **Unterpleichfeld**,
⑨ 23,8 **Oberpleichfeld**,
⑩ 25,0 den **Hügel** über dem Zusammenfluss von
⑪ 27,5 Pleichach und Altem Seebach nach **Dipbach**.
⑫ 31,5 Auf der Straße ins Maintal nach **Untereisenheim**,
⑬ 32,5 zur Fähre über den Main nach **Fahr**. Auf dem **Maintal-**
          Radweg (MR) – mit Abstecher zur
⑭ 37,0 Kirche **Maria im Weingarten** –
⑮ 38,0 nach **Volkach**.
          Am Mainkanal auf dem **MR** über Schwarzach–Dettelbach–
          (Fähre) Mainsondheim–Albertshofen nach **Kitzingen**.
⑯ 40,0 Oder über die **Kanalbrücke** auf dem Krs.-Radweg 12
          (Krs. Kitzingen) südlich Volkach nach
⑰ 44,0 **Nordheim**, mit der Fähre nach
⑱ 44,8 **Escherndorf**, li. steil durch die Weinberge zum Waldrand
          und wieder auf dem Krs.-Radweg 12,
⑲ 47,4 an einer Waldecke weg vom Main,
⑳ 49,1 über **Neusetz** erst bergab, bergauf, später fast eben
㉑ 52,3 zum **Gut Seligenstadt**, dort re., dann li. und jetzt mit
㉒ 54,8 **N** = Nebenstrecke (WÜ) an einem Hof vorbei,
㉓ 57,1 durch das südliche **Kürnach**, zuletzt bergab nach
㉔ 59,7 **Estenfeld**, li.–re.–li.,
㉕ 61,1 bei der Weißen Mühle re. und
㉖ 64,0 durch WÜ-**Lengfeld** an Sporthalle und Sportplätzen vor-
㉗ 65,6 bei auf die *Werner-v. Siemens-Str.*, unter der B-8-Brücke re.,
② 66,9 am Abzweig li.,
① 69,2 zum *Berliner Platz* und zum Hbf. **Würzburg**.

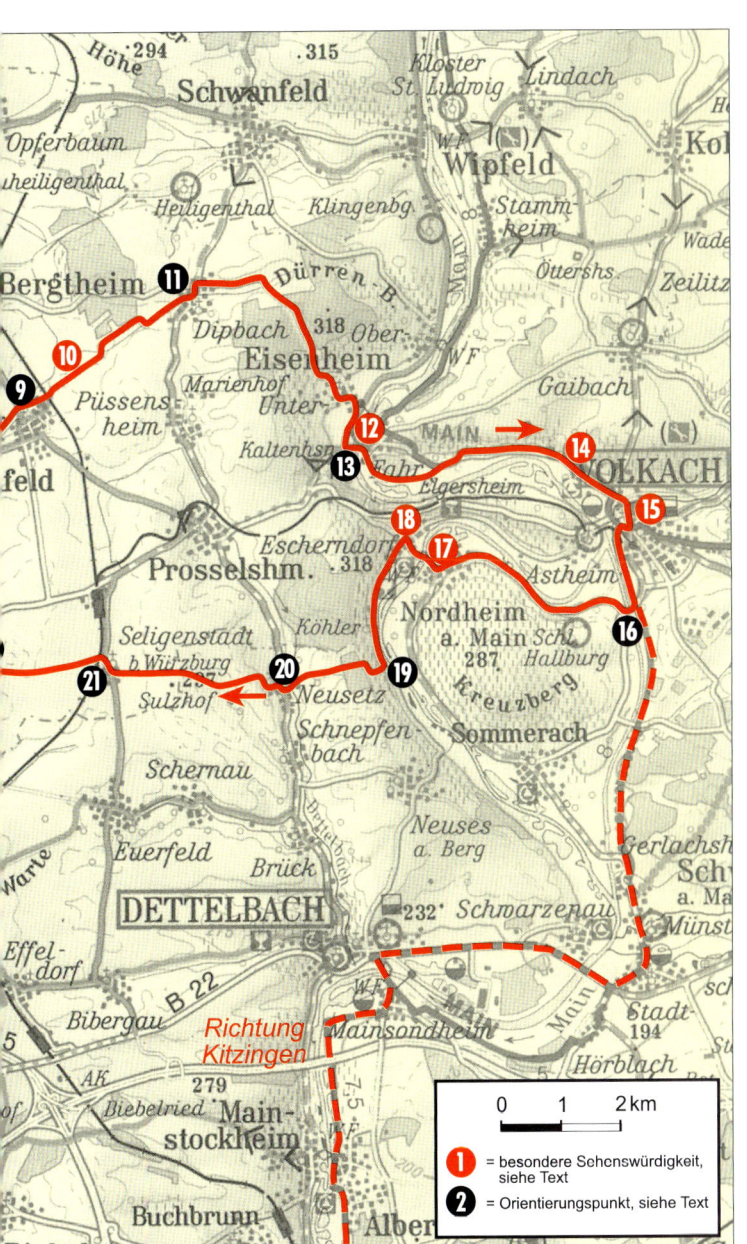

85

Maidbronn: Riemenschneider-Altar

Ein Abstecher links zum Kruzifix bringt guten Überblick über das **Feuchtgebiet** ❿ am Zusammenfluss von Pleichach und Altem Seebach.

An Letzterem bis **Dipbach** ⓫ , wir fahren auf der Straße ein Stück durch den Wald und bergab

nach **Untereisenheim** ⓬ , den herrlich am Mainhang gelegenen Winzerort.

Mit der Fähre über den Main nach **Fahr** ⓭ , rechts und auf dem **Maintal-Radweg** (MR), später parallel zur Straße angenehm nach Volkach.

37,0 km Beim Abstecher zur Wallfahrtskirche **Maria im Weingarten** ⓮ mit Riemenschneiders geschnitzter Rosenkranz-Madonna erinnern wir uns auch an den Raub der Statue, die 1962 mit 100.000 DM Lösegeld vom »stern« zurückgeholt wurde.

38,0 km **Volkach** ⓯ , Stadt der Fischer und Winzer, hat immer etwas zu bieten, baulich, kulinarisch und touristisch: Reste der Stadtbefestigung, das Rathaus, die Kirche, ehrwürdige Bürgerhäuser, dazu Märkte, Weinfeste und Schiffsrundfahrten auf der Mainschleife – oder eine Weinprobe im »Schelfenhaus« mit dem Ratsherrn (Tourist-Information).

Verknüpfung: Am Nordrand der Altstadt an der Volkach auf der Alten Obervolkacher Str. über Obervolkach und Zeilitzheim zur Tour 11.

40,0 km Weiter auf dem **Maintal-Radweg** am Mainkanal bis zur **Straßenbrücke** ⓰ über den Kanal. – Wer Kitzingen ansteuert, fährt auf dem **Maintal-Radweg** geradeaus weiter, über

Schwarzach mit dem Kloster Münsterschwarzach, **Dettelbach**, die romantische kleine Winzerstadt, setzt mit der Fähre nach Mainsondheim über, erreicht unter der A 3 durch im hier weiten, fruchtbaren Maintal über Albertshofen die Kreisstadt **Kitzingen**; 22 flache Kilometer.

Sonst aber südlich Volkach über die **Brücke** ⑯ , rechts – für einen Abstecher zur **Hallburg** erst geradeaus, dann rechts – und mit dem Kreis-Radweg 12 (Kitzingen, KT) vorbei an Auwald, Tümpeln und dem Fluss

40,0 km

nach **Nordheim** ⑰ . Die Vogelsburg auf dem schmalen Berg gegenüber »bewacht« den Winzerort.

44,0 km

Mit der Fähre nach **Escherndorf** ⑱ , das unter den Hang »geklebt« ist, an der Kreuzung kurz geradeaus, dann links auf gutem Weg kräftig bergauf durch die steilen Weinberge.

44,8 km

Oben am Wald zeigt uns die Aussicht, warum man von der »Wein-insel« Nordheim–Sommerach spricht.

Hier links und mit dem **Krs.-Radweg 12** weiter: am Wald-»Eck« ⑲ scharf rechts, weg vom Main, und nach **Neusetz** ⑳ im mittleren Dettelbachtal. Dort rechts, wieder links und bergauf, später fast eben über weite Felder zum **Gut Seligen-stadt** ㉑ und rechts. – Zum Bf. Seligenstadt gut 1 km gerade-aus, an der Strecke Würzburg-Schweinfurt.

47,4 km

49,1 km

52,3 km

Sonst aber links, unter der Bahn durch, jetzt nach Schildern **N** (= Nebenstrecke, WÜ), geradeaus (etwa 1 km schlechter Weg), an einem Hof ㉒ rechts–links und mit leichtem Gefälle nach **Kürnach** ㉓ : *Am Trieb* rein, links den *Rottendorfer Weg*, leicht bergauf, unter der A 7 durch und kräftig bergab nach **Estenfeld** ㉔ . Am Ortsrand rechts, wieder links und weiter nach Wegweisern zum Gasthaus Weiße Mühle ㉕ (Tel. 0 93 05/ 5 07).

54,8 km

57,1 km

59,7 km

61,1 km

Weiter durch das Kürnachtal, dann die *Riedstr.* und auf der Hauptstr. in der Mitte von WÜ-**Lengfeld** ㉖ rechts. Beim Ze-brastreifen links und an der Kürnachtalhalle und den Sportplät-zen vorbei bis zur *Werner-v.-Siemens-Str.*, auf dieser links bis zur Brücke ㉗ der B 8, unter dieser rechts und neben, aber nicht mit dem Hauptverkehr zurück an die Einmündung Pleichachtal-oder Main-Werra-Radweg ❷ , dort links und über den *Berliner Platz* ❶ zurück in die Stadt.

64,0 km

65,6 km

66,9 km

69,2 km

Nach Wertheim
auf romantischen Wegen

Würzburg - Uettingen - Wertheim - Taubertal - Werbach - Würzburg

Zwischen Würzburg, dem Zentrum des Fränkischen Weinlands, und Wertheim an der Mündung der Tauber in den Main, liegt wie ein zweites Maindreieck ein Teil der fruchtbaren Fränkischen Platte. Beinahe in Luftlinie fahren wir gleichsam an der Dreiecksbasis nach längerem, wenig schwierigem Anstieg von Würzburg her durch das Aalbachtal zum Main. Dort wartet zunächst die uralte Jakobskirche in Urphar auf einen Besuch, ehe Wertheim mit seiner lebhaften Altstadt unter der Burg gefangen nimmt. Um die Tour richtig zu genießen, bietet sich eine Übernachtung in der nördlichsten Stadt Baden-Württembergs an.

An der untersten Tauber, wo noch der rote Buntsandstein von Spessart und Odenwald dominiert, führt der Radweg durch viel Wald. Über Reicholzheim – Sitz des Tauberfränkischen Bocksbeutelkellers –, das ehemalige Kloster Bronnbach und Niklashausen tauberaufwärts weiten sich Tal und Horizont. Von Werbach bis Würzburg nutzen wir die angenehme Strecke der Romantischen Straße für Radler, wenn auch in Gegenrichtung zur offiziellen Wegweisung, was so viel bedeutet, dass sich die ganze Tour ebenso gut anders herum fahren lässt.

Start und Ziel:	*Würzburg, Stadtmitte oder Hauptbahnhof.*
Streckenlänge:	*Würzburg–Wertheim 45 km;*
	Wertheim–Werbach–Würzburg 59 km.
Steigungen:	*Maintal–Waldbüttelbrunn–Wertheim ca.*
	160, Wertheim-Werbach ca. 120, Werbach–Würzburg ca. 320 Höhenmeter.
Sehenswürdigkeiten:	*Würzburg: Altstadt, Alte Mainbrücke, Festung Marienberg; Holzkirchen: Kirche; Urphar: Jakobskirche; Wertheim: Altstadt, Grafschafts-Museum, Glasmuseum, Burg; Waldenhausen: Kirche; Bronnbach: Klosteranlage; Werbach: Gräberfeld.*

Holzkirchen im Aalbachtal

Die Tour auf einen Blick

Nr	km	Beschreibung
❶	0,0	Vom **Hbf. Würzburg** auf der **Radroute Romantische**
❷		**Str.** durch die Altstadt zur
❸	1,5	Alten Mainbrücke,
❹	2,2	danach li. zur *Leistenstr.*, diese re. und bergauf nach
❺	4,7	**Höchberg**.
❻	5,0	Re. die *Münchener Str.* bergauf, li. *Bayernstr.*, oben li.,
❼	5,6	bald re. durch den Wald bis
❽	9,0	**Waldbüttelbrunn**.
❾	15,0	Im Aalbachtal über **Mädelhofen**,
❿	16,8	**Roßbrunn**,
⓫	19,0	**Uettingen** nach
⓬	23,2	Holzkirchen mit der Klosterkirche.
⓭	25,8	Über **Wüstenzell** nach
⓮	29,0	Dertingen, dem hübschen Weinort. Nach der Wegwei-
⓯	34,2	sung »Schoppenradler« bis **Bettingen**. Weiter auf dem
⓰	37,5	**Maintal-Radweg** über Urphar – mit der Jakobskirche –
⓱	45,0	nach Wertheim mit Altstadt und Burg.
		Auf dem Radweg »Liebliches Taubertal« aufwärts über
⓲	48,0	Waldenhausen,
⓳	51,2	**Reicholzheim**,
⓴	55,0	Kloster Bronnbach,
㉑	63,3	**Gamburg**,
㉒	66,2	Niklashausen bis zur
㉓	71,0	Tauberbrücke bei Hochhausen.
㉔	72,5	Auf der **Romantischen Straße** über Werbach,
㉕	79,0	**Wenkheim**,
㉖	85,0	**Ober-Altertheim**, dort li. bergauf, bergab durch den
㉗	90,2	Wald, wieder bergauf nach **Waldbrunn**. Am Ortsrand re.
㉘	93,0	und über **Eisingen**, die B 27 in den Wald,
㉙	95,0	li. und im **Steinbachtal**
㉚	101,0	abwärts zum **Main**.
❸	102,7	Li. bis zur Alten Mainbrücke,
❷		über sie zur Altstadt und zum
❶	104,2	**Hbf. Würzburg**.

Karten und Informationen:	siehe Einleitung S. 14/15 und Tourist Information, Falkenhaus am Markt, Tel. (09 31) 37 23 98; Congress & Tourismus Zentrale, Am Congress Centrum, 97070 Würzburg, Tel. (09 31) 37 26 50, Fax 37 36 52 Tourist-Information Wertheim, Wenzelplatz 2, 97877 Wertheim, Tel. (0 93 42) 10 66, Fax 3 82 77, E-Mail: info@tourist-wertheim.de, Internet: www.tourist-wertheim.de
Fahrradverleih- und -service:	FahrradStation am Seitenausgang des Hbf. Würzburg, Tel. (09 31) 5 74 45, Fax 5 74 65; Fahrrad-Baumann, Wertheim, Tel. (0 93 42) 12 14, Fax 2 13 21.
Verkehrsverbindungen:	Bahn-Linien 802 Aschaffenburg–Wertheim, 788 Wertheim–Lauda–Crailsheim (Tauberbahn) und 780 Würzburg–Lauda–Stuttgart, mind. 2-stündlich Regionalzüge.
Verknüpfungen:	am Main von Wertheim-Bettingen nördlich zu Tour 9, an der Tauber südlich zu Tour 2.

Vom **Hbf. Würzburg** ❶ den Radweg-Schildern »Romantische Straße« folgend durch die **Altstadt** ❷ und

über die **Alte Mainbrücke** ❸ , die im Mittelalter einen der wenigen festen Übergänge über den Fluss bot, heute aber Fußgängern und Radlern vorbehalten ist.   1,5 km

Danach links, unter der **Festung Marienberg**, an der *Leistenstr.* ❹ rechts – vorbei an der gleichnamigen südseitigen Weinlage – und auf gutem Weg mäßig bergauf nach **Höchberg** ❺ . Wir verlassen die Romantische Str. (Steg über die Hauptstr.), fahren noch geradeaus und mit Wegweisung des Krs. Würzburg rechts die *Münchener Str.* ❻ steil bergauf, links die *Bayernstr.*, oben wieder links und bald ❼ rechts durch den Wald. Rad-Wegweiser leiten nach **Waldbüttelbrunn** ❽ .   2,2 km   4,7 km   5,0 km   5,6 km   9,0 km

Mehr oder weniger nah zur B 8 geht es auf unterschiedlichen Wegen und Nebenstraßen im weiten Aalbachtal leicht abwärts über **Mädelhofen** ❾ und **Roßbrunn** ❿ nach **Uettingen** ⓫ , ein typisch fränkisches Dorf, wo es auch ein Freibad gibt.   19,0 km

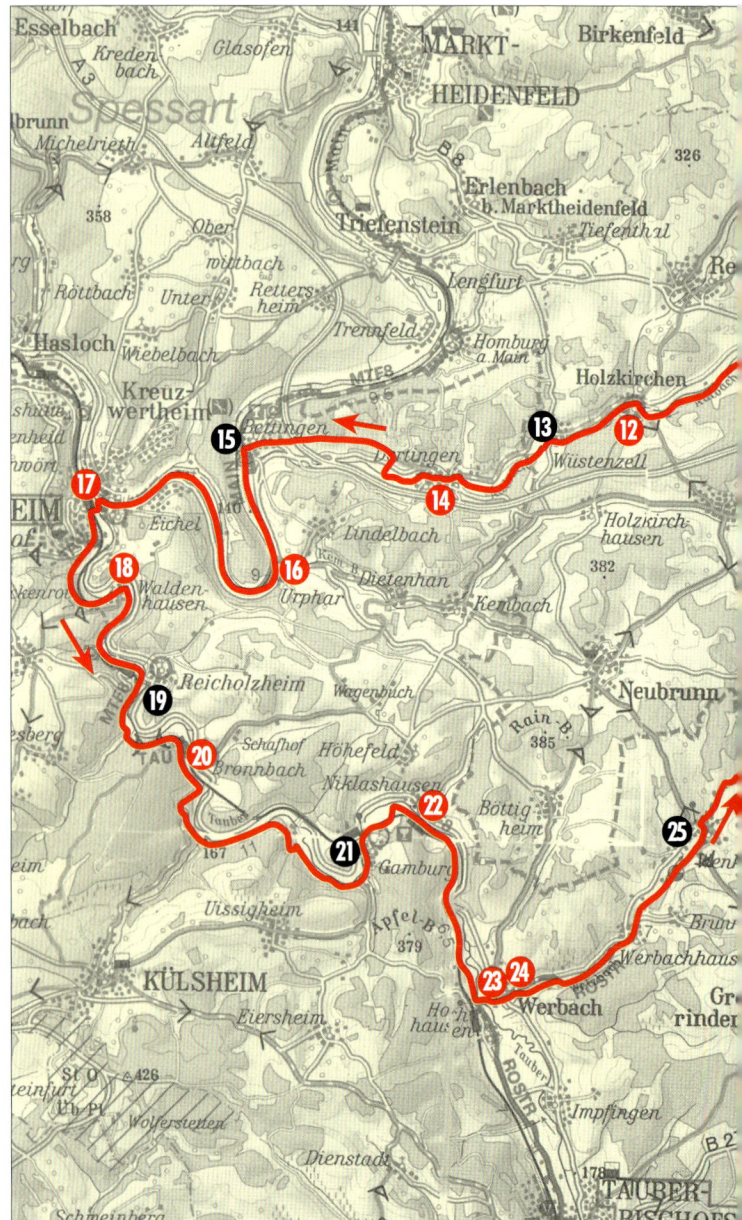

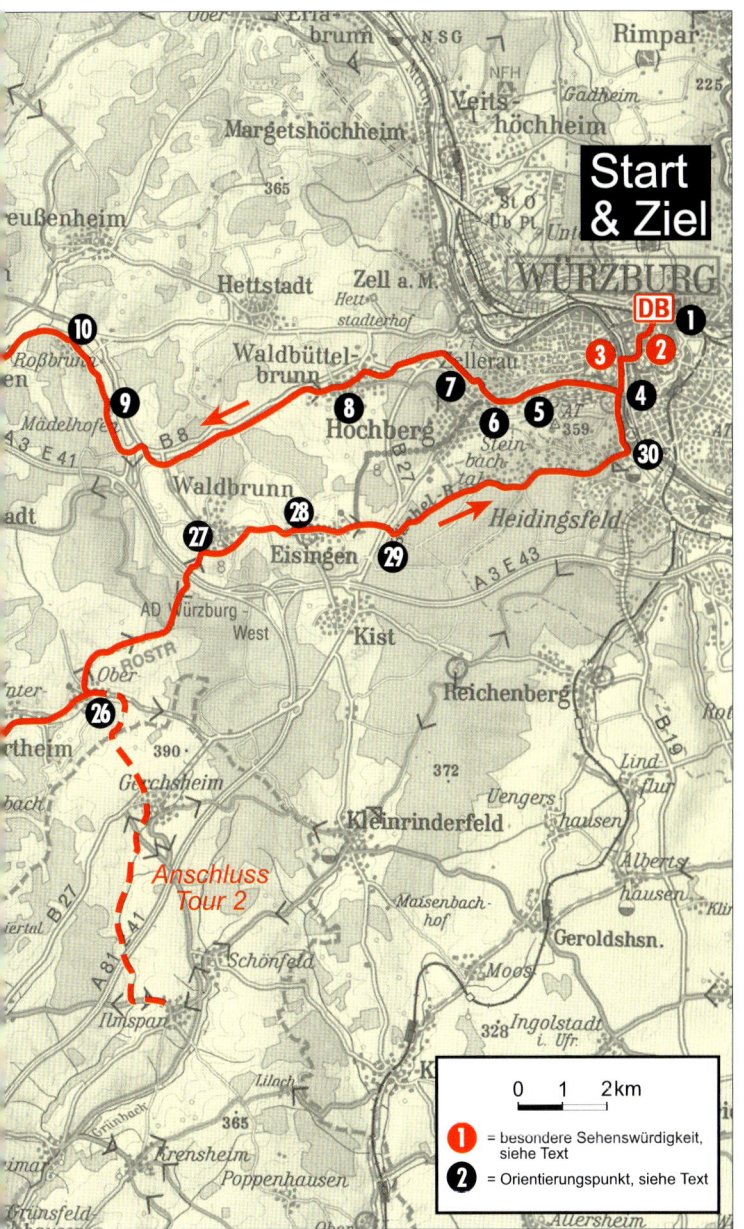

Burg Wertheim

Auf der südlichen Seite des enger werdenden Tals ist bald **Holzkirchen** ⑫ erreicht. Das ehemalige Benediktuskloster ist jetzt Schlosshotel, die **Barockkirche** mit großer runder Kuppel, von Balthasar Neumann errichtet, wirkt weit und licht.

Die *Brückenstr.* links geht am Ortsende bergauf in einen Waldweg über, am nächsten Weg rechts halten und weiter im Aalbachtal über **Wüstenzell** ⑬

nach **Dertingen** ⑭ . Die Mitte des Weinorts im unteren Aalbachtal schmückt eine Wehrkirche.

Wir orientieren uns jetzt an den Schildern »Schoppenradler«, fahren auf Wirtschaftswegen bis über die A 3 hinweg nach
34,2 km **Wertheim-Bettingen** ⑮ , wo seit Jahren die Küche der »Schweizer Stuben« mit Sternen dekoriert wird. Am unteren Ortsende links auf den **Maintal-Radweg** (MR), den Main abwärts.

37,5 km An der großen Flussschleife »klebt« der Ort **Urphar** ⑯ malerisch am Hang und weit oben die kleine, gedrungene **Jakobskirche**. Sie ist gut 1000 Jahre alt, wehrhaft ausgebaut, birgt im Innern alte Fresken und Kirchenbänke, wobei der Begriff »Schiff« auf den Raumeindruck voll zutrifft (Führungen Tel. 0 93 42/ 48 17).
45,0 km Im großen Bogen geht es hinein nach **Wertheim** ⑰ , die ehemalige Residenzstadt der Grafen von Löwenstein-Wertheim. Manchmal wird es »Klein-Heidelberg« genannt und ist heute eine beliebte Anlegestelle für große Hotelschiffe. Viele stattliche, einige sehr schmale Fachwerk- und etliche massive Stein-Gebäude künden vom Wohlstand, den einst Tuch- und Weinhandel, nach 1945 zudem Glasherstellung und -verarbeitung eintrugen. In einigen

schmalen Gassen und Winkeln zeigen fast unglaublich hohe Hoch-
wassermarken aber auch, welche Gefahr der so malerisch zwischen
den beiden Flüssen gelegenen Altstadt unter der großen **Burgruine** immer wieder droht.

Auf engem Raum ist allerlei Sehenswertes versammelt: der
längliche **Marktplatz**, der **Engelsbrunnen**, die gotische **Stiftskir-
che** mit prächtigen Grabmälern: allen voran die frei stehende,
»Bettlade« genannte Alabasterarbeit (von Michael Kern aus Forch-
tenberg) mit den Reliefs von Graf Ludwig III. zu Löwenstein und
Gräfin Anna geb. zu Stolberg.

Wer Zeit hat, besucht das **Grafschafts-Museum** (Tel. 0 93 42/
3 01-4 11 bis -4 13), das als einen Schwerpunkt Werke von Otto
Modersohn aus seiner »fränkischen Phase« zeigt, und das **Glas-
museum** (Tel. 0 93 42/ 68 66, Fax 91 67 11, Internet: www.glas-
museum.wertheim.de), das sich mit der ganzen Vielfalt der Glasver-
und -bearbeitung für Alltag, Technik, Kunst und Schmuck befasst.

Was B'sunnersch

… ist ein Dämmerschoppen auf der Terrasse der Burgschänke.
Liegt's an der tollen Umgebung und Aussicht auf Stadt und Flüsse
oder am kulinarischen Angebot? Wer sich dort oben nicht wohl
fühlt, ist selbst schuld.

Unübersehbar leiten Schilder auf den Radweg »Liebliches
Taubertal«. – Alternative ist der Radwanderzug, der zwischen Wertheim und Weikersheim im Sommer an Wochenenden
verkehrt. – Wir radeln tauberaufwärts, kommen nach

Waldenhausen **⑱** mit der kleinen, wehrhaften **Peterskirche**, in
der mittelalterliche Wandmalereien beim Neubau des Kirchen-
schiffs 1968 freigelegt wurden. 48,0 km

In großen Schleifen hat sich die Tauber tief in den Buntsandstein
eingegraben. Die Hänge sind meist durchgehend bewaldet, an
Sonnenhängen gedeihen aber auch Obstbäume und Wein.

Historisch gehörte die Weinregion Tauberfranken stets zu Weinfranken, Anfang 2000 haben die Gebiets-Winzergenossenschaft
Franken in Kitzingen und der Tauberfränkische Bocksbeutelkeller im
nach der nächsten Schleife folgenden **Reicholzheim** **⑲** fusio-
niert. So sind die von Napoleon vor 200 Jahren gezogenen politischen Grenzen zumindest auf dem Gebiet der Weinvermarktung
künftig nicht mehr von Belang. 51,2 km

Kloster Bronnbach, der Abteigarten

Wir haben mehrmals kürzere, teils kräftige Steigungen zu überwinden, zum Beispiel kurz vor

55,0 km **Bronnbach** 20 , wo dank vieler Millionen Mark in den letzten Jahren die **Kirche**, der **Kreuzgang** und einige andere Räume der ehemaligen Zisterzienserabtei (Tel. 0 93 42/ 3 95 96) wieder in altem Glanz erstrahlen. Teile der großen Anlage sind weiter gesperrt, der Abteigarten wirkt vielleicht gerade durch den langsamen Verfall so anziehend.

63,3 km Tauberaufwärts ist der Talgrund einige Male breiter, so auch bei **Gamburg** 21 , wo das Schloss malerisch auf dem Berg thront.

66,2 km Ein Abstecher in den nächsten Ort, **Niklashausen** 22 , wird mit Wissenswertem zu einem Vorläufer des Bauernaufstands oder -kriegs belohnt. Beinahe wäre von hier aus schon 1476 ein großer Aufstand losgebrochen, mit Forderungen wie der Abschaffung von Jagd- und Fischerei-Privilegien. Hans Böhm, einfacher Hirte, zog mit seinen sozial-revolutionären, religiösen Predigten eine so große Anhängerschaft an, dass es der Obrigkeit bald zu bunt wurde. Der Fürstbischof von Würzburg machte dem »Pfeiferhans« den Prozess, Hans starb auf dem Scheiterhaufen am Schottenanger zu Würzburg.

Noch einmal wird es eng im Tal, ehe wir vor Hochhausen links über die **Tauberbrücke** ㉓ aus rotem Stein, die 1866 im deutsch-deutschen Krieg umkämpft war, nach **Werbach** ㉔ abbiegen, auf die Strecke des **Radwegs Romantische Straße**. Im Ort über die Straßenkreuzung geradeaus und dann die *Weinstr.* links geht es zum Friedhof, an dessen Rand einige hallstattzeitliche **Grabhügel** und **Steinkreise** um sie herum rekonstruiert wurden; dank Bänken ein guter Rastplatz.

71,0 km

72,5 km

Zurück auf der Radroute läuft es im **Welzbachtal**, das abschnittsweise breit genug für Felder und Wiesen ist, anfangs wie von allein. Außerorts stets auf ruhigen Anlieger- und Radwegen, vorbei an der neugotischen Wallfahrtskapelle Liebfrauenbrunnen und dem beheizten Welzbachtal-Bad erreichen wir **Wenkheim** ㉕, schwenken kurz links-rechts, fahren über **Steinbach** und **Unter-Altertheim** nach **Ober-Altertheim** ㉖ . Dort die

Alte Mainbrücke Würzburg

Raiffeisenstr. nach links, außerhalb steigt es mäßig bis zum höchsten Punkt, im Wald steil abwärts, ganz unten über die A 3 und wieder kräftig bergauf nach **Waldbrunn** ㉗ . Am Ortsrand gleich rechts, am Neuen Friedhof vorbei, bleibt die Route auf der Höhe, schwenkt zur Straße Richtung Eisingen hin, läuft parallel dazu nach rechts.

85,0 km

90,2 km

Durch **Eisingen** ㉘ der Länge nach auf der *Hauptstr.* steigt es mäßig an, wir können uns die Rückfahrt vereinfachen: Geradeaus an der Landstraße, die B 27 queren, danach im Wald links und bald angenehm abwärts das gesamte **Steinbachtal** ㉙ , wo im Stadtbereich Würzburg beliebig Einkehr, vor allem unten am **Main** ㉚, möglich ist.

93,0 km

95,0 km

101,0 km

Links bis zur **Alten Mainbrücke** ❸ , über sie zur **Altstadt** ❷ und zum **Hbf. Würzburg** ❶ .

104,2 km

Zwischen Maindrei- und -viereck

Karlstadt - Rohrbach - Lohr - Gemünden - Karlstadt

Auch im Kreis Mainspessart haben wir es mit ähnlichen Gegensätzen wie bei der Tour 8 zu tun: Beim Start in Karlstadt am Main noch ganz in Weinfranken, fahren wir innerhalb nur gut einer Stunde erst über die wellige, landwirtschaftlich genutzte Hochfläche um Steinfeld und Urspringen. Bei Steinfeld-Hausen bereits sägt sich der Mühlbach immer tiefer in den Buntsandstein ein. Wir folgen ihm, kommen zum Main bei Steinbach und sehen dort, wie weit die Hänge am großen Fluss bei seinem Lauf durch den Spessart hochziehen.

Nach einem sehr lohnenden Abstecher nach Lohr, das Tor zum Spessart, begleiten wir den Main über Gemünden, die Drei-Flüsse-Stadt, wieder bis Karlstadt, den Sitz der Landkreisverwaltung. Unterwegs erleben wir den Wechsel der Landschaft vom Sandstein zum Muschelkalk, dem klassischen Untergrund für viele erstklassige Frankenweine.

Start und Ziel:	*Karlstadt am Main*
Streckenlänge:	*56 km*
Steigungen:	*anfangs aus dem Maintal 1 längere mit ca. 130 Höhenmetern, danach einige kürzere, kräftige »Wellen«, am Main unbedeutend.*
Sehenswürdigkeiten:	*Karlstadt: Altstadt, Karl(s)burg; bei Rohrbach: ICE-Strecke; Mariabuchen; Lohr am Main: Altstadt; Gemünden: Altstadt, Burg.*
Karten:	*siehe Einleitung S. 14/15 und Rad- und Wanderkarte 1 : 50.000 Spessart, RV-Verlag; ADFC-Regionalkarte 1 : 75.000 Rhön, Bielefelder Verlagsanstalt.*
Informationen:	*Verkehrsverein e. V. Lohr, Tel. (0 93 52) 51 52 oder 1 94 33; Verkehrsamt Gemünden, Huttenschloss, Tel. (0 93 51) 38 30, Fax 48 54.*

Lohr am Main: Spessartmuseum im Kurmainzischen Schloss

Die Tour auf einen Blick

Nr	km	Beschreibung
1	0,2	Vom **Bf. Karlstadt** in die nahe Altstadt,
2	0,9	über die **Mainbrücke** auf dem **Maintal-Radweg** nach
3	2,8	**Laudenbach**, dort re. bergauf,
4	3,7	am Ortsende re. und
5	6,8	hoch bis zur ICE-Strecke.
6		Re. und hügelig parallel zur Bahn.
7	9,2	Nach etwa 2,5 km li. bis
8	11,0	**Rohrbach:** *Dorfstr.* li., *Kapellenweg* re.,
9	12,4	zur St.-Valentins-Kapelle.
10	14,9	Weiter nach **Hausen**, am Rand der Siedlung von
11	15,5	*Im Forst* scharf re. und im Buchental bis zur **Buchen-**
12	19,7	**mühle** unterhalb der Kirche Mariabuchen.
13	22,5	Weiter talabwärts nach Steinbach, li. auf dem **Maintal-**
14	26,0	**Radweg** (MR) Abstecher nach Lohr.
		Auf dem **MR** wieder zurück und über Steinbach, unter
15	34,0	der Maintal-Bahnbrücke über
16	37,5	**Hofstetten**,
17	40,0	die **Mainbrücke** nach **Gemünden**
18	40,5	mit Huttenschloss,
19	40,8	Altstadt und **Scherenburg**.
		Am östlichen Mainufer nach **Wernfeld** – dort wahlweise
20	46,0	über den **Steg** auf die andere Mainseite – und immer
1	56,0	nahe Bahn, Straße und Fluss zurück nach Karlstadt.

Fahrradservice- und verleih:	*Fahrrad Glebler, Karlstadt, Tel. (0 93 53) 70 17; Karlstadter Rad-haus, Tel./Fax (0 93 53) 35 95; Radsport-Marschall, Lohr, Tel. (0 93 52) 7 02 55.*
Verkehrsverbindungen:	*Bahn-Linie 800 Aschaffenburg–Lohr-Gemünden–Würzburg ca. stündlich Regio-nalzüge; Lohr–Karlstadt–Würzburg: Main-Spessart-Schifffahrt, Gemünden, Tel. (0 93 51) 17 70 oder 01 72-9 70 17 56.*

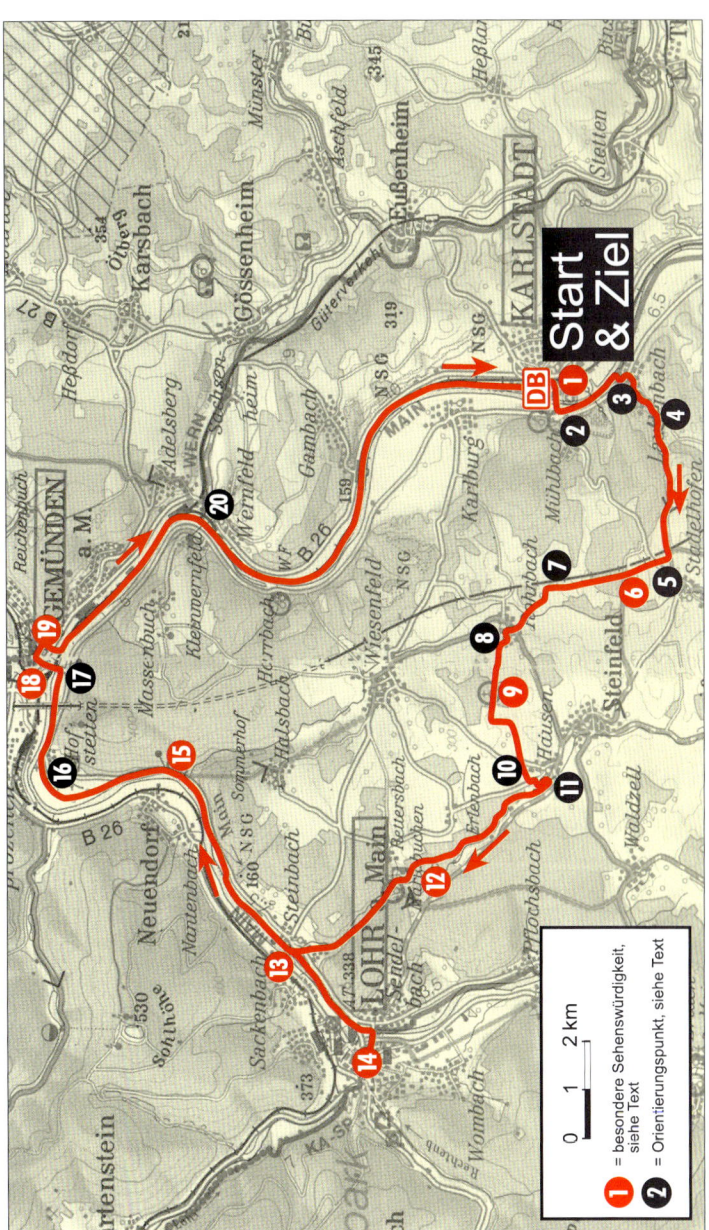

Verknüpfungen: über Duttenbrunn–Birkenfeld zum Main-Tauber-Fränkischen-Rad-Achter nach Marktheidenfeld, am Main weiter südlich zu Tour 8; von Karlstadt am Main südlich zu Tour 1; von Gemünden an der Fränkischen Saale zu Tour 13.

0,2 km Vom Bahnhof **Karlstadt** sind es wenige Meter in die schachbrettartig angelegte Altstadt ❶ mit der weitgehend erhaltenen **Stadtmauer** und mehreren **Tortürmen**. Als nördliches Bollwerk ihres Herrschaftsgebiets hatten um das Jahr 1200 die Bischöfe von Würzburg nach staufischen Vorbildern Karlstadt angelegt. Viele Kunstwerke, unter anderem St. Nikolaus von Riemenschneider, und kräftige Farben schmücken die spätromanisch-gotische Stadtpfarrkirche **St. Andreas**. Das gotische **Rathaus** hat einen prächtigen Staffelgiebel. Wie eine Kulisse steht auf der anderen Mainseite die **Ruine Karl(s)burg** auf einem Felsen hoch über dem Main – ein Abstecher zu Fuß oder mit bergtauglichem Rad ist sehr zu empfehlen.

0,9 km
2,8 km
3,7 km
Wir fahren über den **Main** ❷ , rechts in einer 270°-Schleife unter die Brücke und nach Süden auf dem **Maintal-Radweg** (MR) bis **Laudenbach** ❸ . Rechts die *Wirtsgasse* bergauf, die *Hauptstraße* kurz links und die *Heldgasse* wieder rechts. Noch sanft steigt die kleine Straße, am Ortsende ❹ zweigt unsere Hauptroute schräg rechts ab und zieht mit stellenweise 10 % den Berg hoch.

Verknüpfung: Am Abzweig geradeaus die kleine Straße weiter bergauf, über die ICE-Strecke, im Wald einmal rund 15 % steil, dann wellig über **Duttenbrunn** und den Kettlichsgraben leicht bergab nach **Billingshausen**, südlich auf Feld-/Waldweg, einmal rechts, an der Kreisstraße scharf links, nach ca. 400 m wieder rechts und hoch auf den Hügel, südöstlich an **Birkenfeld** vorbei, schließlich mit der Wegweisung **Main-Tauber-Fränkischer-Rad-Achter** in angenehmer Abfahrt durch den Istelgrund nach **Marktheidenfeld** (von Laudenbach ca. 22 km), wo der **Maintal-Radweg** nach Norden Richtung Lohr oder Süden Richtung **Homburg–Wertheim** (zur Tour 8) leitet.

6,8 km
Oben fast eben im Eßlersberggraben, nach der Bahnunterführung der ICE-Strecke ❺ rechts. Die nächsten etwa 2,5 km in stetem Auf und Ab parallel zu den Schienen ❻

Wallfahrtskirche Mariabuchen nahe Steinbach

könnte der Gegensatz kaum größer sein: Rechts die superschnellen Züge von oder nach Hannover oder Frankfurt, wir dagegen plagen uns ein wenig mit knackigen Anstiegen und sollten denken: nimm's leicht und genieße die gute Aussicht und vielleicht das Fernweh …

Nach kräftigem Gefälle und bei einer Unterführung **7** verlassen wir die bahnparallele Route nach links, rollen an einem Hügel mit Heidelandschaft vorbei – danach schöner Rastplatz – und erreichen **Rohrbach 8** . An der T-Kreuzung die *Dorfstr.* links, den *Kapellenweg* wieder rechts.

9,2 km

11,0 km

Nach gut 1 km steht die **St.-Valentins-Kapelle 9** auf einem Hügel 12,4 km wunderschön unter mächtigen Linden neben einer Waldwiese.

Wir folgen dem Waldweg geradeaus, machen zwei Bögen links und wieder rechts, überqueren eine Kreisstraße, biegen an der nächsten Straße links ab, hinein nach **Hausen 10** , die nächste rechts, die zweite, *Im Forst* links, bremsen unten im Grund, um scharf rechts **11** dem Feld-, später Waldweg – Radweg MSP 7 des Mainspessart-Kreises, dem **Buchentalweg** – bis zur **Buchenmühle** zu folgen.

14,9 km

15,5 km

St. Andreas in Karlstadt

Der Weg ist schön, knickt ein paar Mal etwas ab, passiert bis Steinbach den Gedenkstein für den Dichter Hermann Sendelbach (1894–1971) aus den nahen Erlenbach-Höfen und insgesamt 7 Orte mit dem Namen »Mühle«, der Belag ist aber nach Regen oder Holzabfuhr abschnittsweise etwas schwierig zu befahren.

19,7 km Oberhalb der Buchenmühle steht die Wallfahrtskirche **Mariabuchen** ⑫ , eine von 17 Ablasskirchen in der Diözese Würzburg, wobei als Ablass heute auch in Frage kommt, einen Teil seiner Freizeit sozialen, gemeinnützigen Tätigkeiten zu widmen.

 Auf stellenweise recht ruppigem Asphaltsträßlein abwärts bis **Steinbach,**

22,5 km wo die barocke **Pfarrkirche** ⑬ des Würzburger Hofbaumeisters Greising als besonders stilrein gilt.

Für den Abstecher nach **Lohr** fahren wir links auf dem **Maintal-Radweg** und dort über die alte Brücke

26,0 km in die **Altstadt** ⑭ . Schauen Sie sich das **Kurmainzer Schloss** an – es beherbergt das sehenswerte **Spessart-Museum** (Tel. 0 93 52/20 61) unter anderem mit den Themen »Wald und Mensch« und »Glas aus dem Spessart« –, das **Alte Rathaus**, das **Fischerviertel**. Die gute Radwegbeschilderung, der Anschluss zum Kahltal-Spessart-Radweg (s. Kap. 1), die Lage der Stadt und Gewerbe und Handel machen klar: Lohr ist das (östliche) Tor zum Spessart.

 Der Radweg am Main aufwärts bis **Karlstadt** ist nun sehr leicht zu finden. Wir kommen noch einmal nach **Stein-**

34,0 km **bach** ⑬ , unterqueren die elegante **Bahnbrücke** ⑮ , kommen

37,5 km durch **Hofstetten** ⑯ , unterqueren die ICE-Bahnbrücke Richtung Hannover, fahren mit einer 270°-Schleife hinüber ⑰

Karlstadt: Museum für Klempner und Kupferschmiede

nach **Gemünden** am Zufluss von Sinn und Fränkischer Saale, stoßen dort auf das **Huttenschloss** **18** mit dem **Unterfränkischen Verkehrsmuseum** – passend zu einem Bahnknoten – und erreichen die schmale **Altstadt** **19** unter der Ruine **Scherenburg**, Schauplatz für die Festspiele im Sommer und mit gutem Ausblick versehen. `40,5 km` `40,8 km`

Auf der rechten, in unserer Fahrtrichtung linken Mainseite geht es nach **Wernfeld**, wo das Werntal und der gleichnamige Radfernweg einmünden. Dort leitet auch eine recht neue Fußgänger- und Radler-**Brücke** **20** auf die andere Seite des Flusses, wo wir wahlweise – allerdings ein Stück auf der Kreisstraße – zügig nach Karlstadt fahren können. `46,0 km`

Sonst aber am östlichen Mainufer weiter nach **Karlstadt** **1** , wo zum Ausklang der Runde viele Gaststätten – sehr gut das »Wirtshaus Alt Franken« – warten.

Was B′ sunnersch
ist das originelle Klempner- und Kupferschmiede-Museum (Tel. 0 93 53/ 99 63 30), ein ungewöhnlicher Bau.

Schweinfurt: Reichsstadt und Reichsdörfer

Schweinfurt - Gochsheim - Oberndorf - Weipoltshausen - Schweinfurt

An der Kreuzung vorgeschichtlicher Straßen wurde Schweinfurt gegründet. Reichsfrei war die Stadt schon um 1250, das war den Bürgern stets viel wert, denn einmal kauften sich die Schweinfurter sogar aus einer Verpfändung selbst frei. Und sie versuchten alles, das Stadtgebiet über die Mauern hinaus zu vergrößern: Erworben wurde 1436 Oberndorf von den Brüdern von Thüngen und 1437 vom Deutschen Orden die Burg auf dem Peterstirnberg mit großen Wäldern und den Dörfern Zell und Weipoltshausen. Die Stadt bekannte sich bald zur Reformation. Umgeben von katholischem Land, ergab sich dennoch ein wirtschaftlicher Aufschwung, da unter den anderswo vertriebenen Protestanten erfolgreiche Kaufleute nach Schweinfurt kamen. Auch schöpferische Kräfte in Literatur und Forschung konnten sich gut entfalten. So wurde 1652 hier die älteste noch bestehende naturwissenschaftliche Gesellschaft Europas, die »Leopoldina« gegründet. Und es wurde Friedrich Rückert hier geboren – Geburtshaus und Denkmal am Marktplatz –, der Dichter und Orientalist.

Seine Reichsunmittelbarkeit verlor Schweinfurt 1814 und wurde Bayern zugeschlagen. Die Industrialisierung begann Ende des 18. Jahrhunderts, der erste Aufschwung war der Chemie, vor allem der Herstellung des »Schweinfurter Grün« zu verdanken. Aus der Reihe der Erfinder und Unternehmer besonders erwähnen wollen wir hier Philipp Moritz Fischer, dem wir das Tretkurbelfahrrad verdanken, und Ernst Sachs mit seiner Freilaufradnabe mit Rücktrittbremse. Fries, Höpflinger und Georg Schäfer legten die Fundamente für den Ruf Schweinfurts als Kugellagerstadt. Heute indes ist Schweinfurt auf dem Weg von einer Industriestadt zum Dienstleistungs-Standort.

Es gibt viel anzusehen in Schweinfurt. Mit Hilfe des von der Stadt herausgegebenen Tourist-Plans oder beispielsweise des Faltblattes, auf dem der Stadtspaziergang »Fluss und Fleiß« verzeichnet ist, lassen sich Kultur und Industrie ideal zu Fuß kennen lernen. Von allen Museen gilt das Museum Georg Schäfer wegen seiner einmaligen Bildersammlung der deutschen Malerei des 19. und 20. Jahrhunderts als das bedeutendste.

Schweinfurt: Rathaus und Marktplatz

Die Tour auf einen Blick

Nr	Km	Beschreibung
1	0,0	Start am Marktplatz Schweinfurt mit dem Rathaus, über die *Brückenstraße, Max-* und *Ludwigsbrücke* südlich
2	0,7	über den Main, dann li. in die *Schweinfurter Str.* und weiter auf dem Kreis-RWW 5 nach
3	4,7	Gochsheim, ehem. freies Reichsdorf. Über die *Schonunger, Franken-* und *Sennfelder Str.* nach Norden durch Gemüsefelder nach
4	7,7	Sennfeld, ebenso ehem. Reichsdorf, von dort auf dem
5	9,2	Kreis-RWW 6 am Sennfelder See entlang, re. zum
2	10,0	Wasserwerk Schweinfurt, über die *Maxbrücke* auf die Altstadt von Schweinfurt und das Museum Georg Schäfer zu.
6	10,1	An der ersten Ampel li. in die *Gutermann-Promenade*, den Maintal-Radweg. Mainabwärts, bei der Autobahn
7	12,6	brücke re. auf dem Main-Werra-Radweg in
8	13,0	Oberndorf bis zum Pfarrgraben, diesen li. zur Kreuzkirche. Wieder zurück zum Main-Werra-Radweg und li. weiter
9	15,0	bis zur Ampel an der *Paul-Gerhardt-Str.* Diese re. bis zur
10	15,3	*Florian-Geyer-Str.*, diese re. bis zur Ampel,
11	15,6	li. in die *Richard-Wagner-Str.*, an deren Ende ein Radwegweiser Ri. Steinberg leitet.
12	18,6	Bei der Abzweigung *Lindenbrunnenweg* führt li. der
13	23,6	Radweg nach Zell. Von Zell auf dem Kreis-RWW 3b
14	26,2	nach Weipoltshausen.
15	28,8	Von Weipoltshausen weiter nach Nordosten auf dem Kreis-RWW 3, nach gut 2,5 km mit der Straße rechts ab, über Hoppachshof nach
16	32,3	Hesselbach. Dort re.,
17	33,1	vor Ortsende li., übers Feld,
18	34,6	nach Wegegabelung auf Kreis-RWW 3a rechts in den
19	37,1	Wald und nach Üchtelhausen.
20		Auf der *Schweinfurter Str.*, später li. am *Höllenbach* abwärts
21	40,5	durch den Wald, danach re. nach Deutschhof:
22		*Heidelstein-* und *Haßbergstr.*, li. *Kurt-Schumacher-Str.*,
23		zur *Konrad-Adenauer-Str.*, diese re. bis zur Ampel –
24	41,7	zur Walderholungsanlage Eichen und zum Sommerbad. Zurück zur Stadtmitte vom Sommerbad links in den *Lin
1	44,7	denbrunnenweg*, dem Hinweisschild »Innenstadt« folgen.

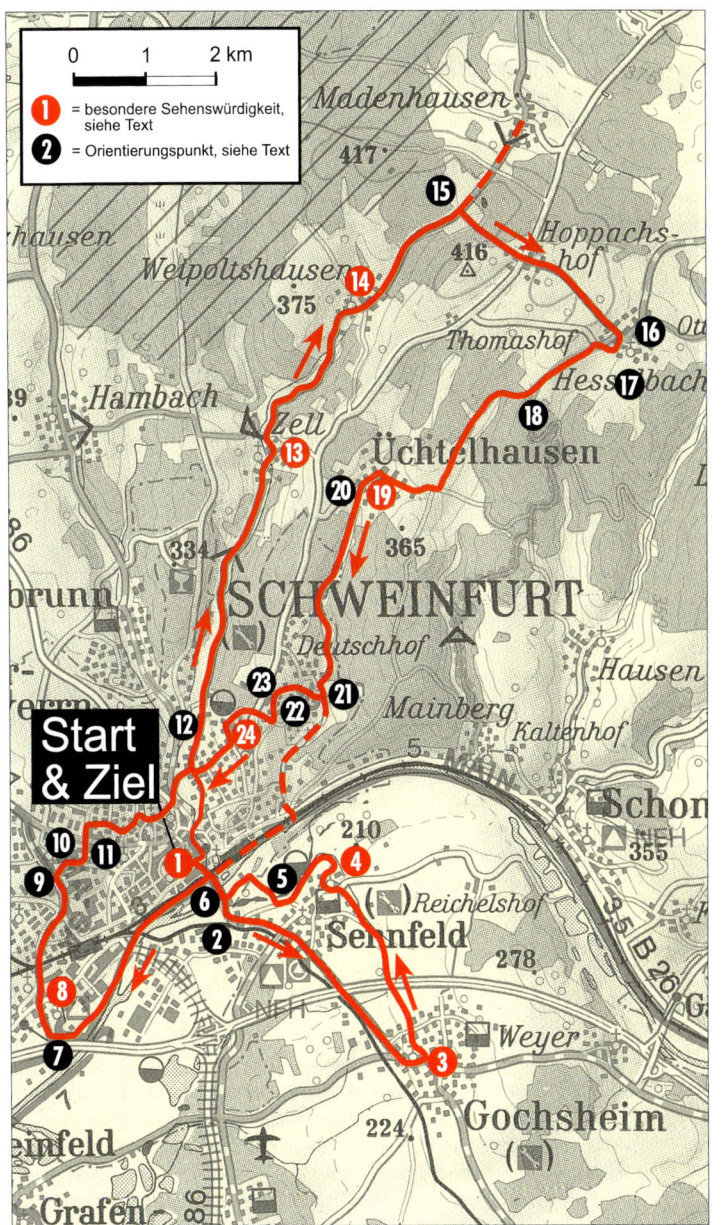

Start und Ziel:	Schweinfurt Stadtmitte, Marktplatz.
Streckenlänge:	45 km
Steigungen:	mehrere kurze, eine lang gezogene auf die »Schweinfurter Rhön«, insgesamt ca. 250 Höhenmeter.
Sehenswürdigkeiten:	Schweinfurt: Altstadt, Museum Georg Schäfer; Gochsheim: Kirche mit Gaden, Rathaus; Sennfeld: Ortsmitte; SW-Oberndorf: Ortsmitte; Zell: Ortslage; Weipoltshausen: Renaissancekirche; Üchtelhausen: Jakobuskirche.
Karten und Informationen:	siehe Einleitung S. 12/13 und Schweinfurt per Rad erleben (1 : 13.000), Stadt Schweinfurt Tourist-Information, Brückenstraße 20, 97421 Schweinfurt, Tel. (0 97 21) 5 14 98, Fax 5 16 05, Internet: www.schweinfurt.de; Städtische Sammlungen Schweinfurt, Obere Str. 11–13, Tel. (0 97 21) 51-4 79, Fax 5 13 20.
Verkehrsverbindungen:	Bahn-Linie 810, Würzburg–Schweinfurt–Bamberg 2-stündlich RE, dazwischen weitere Züge.
Verknüpfungen:	Von Weipoltshausen auf dem Kreis-RWW 2/ 2b über Volkershausen–Maßbach–Lauertal nach Münnerstadt zu der Tour 13; von Volkershausen auch auf Kreis-RWW 2 zum Ellertshäuser See, Tour 14.

0,7 km Start am **Marktplatz Schweinfurt** mit dem **Rathaus ➊**, über die *Brückenstraße*, *Max-* und *Ludwigsbrücke* südlich über den Main, dann links die *Schweinfurter Str.* ➋. Ab der Kreuzung auf dem **Kreis-RWW 5** nach

4,7 km **Gochsheim ➌**, ein typisches fränkisches Haufendorf mit bedeutendem Gemüseanbau. Die Straßen strahlen vom **Fachwerk-Rathaus** und der **Kirche** aus: Diese ist eine der ältesten Kirchengadenanlagen (darin das Heimatmuseum, Tel. 0 97 21/ 6 12 66) in Unterfranken. 1234 wurde Gochsheim zusammen mit dem benachbarten **Sennfeld** als Reichsdorf ausgewiesen: mit Dorfgericht, Reichsschultheiß und sieben Schöffen. Im 30-jährigen Krieg verlo-

Gochsheim

ren beide diesen Status, bekamen ihn aber nach dem Westfälischen Frieden zurück, Anlass für die Kirchweih, die bis heute in beiden Orten am 1. September-Wochenende gefeiert wird.

> Über die *Schonunger*, *Franken-* und *Sennfelder Str.* nach Norden durch Gemüsefelder nach

Sennfeld ❹, einen Hauptort der fränkischen Freilandgärtnerei und ebenfalls Reichsdorf, ehe es 1814 zu Bayern kam. Im Zweiten Weltkrieg genügte eine einzige Luftmine, um den Dorfkern mit der alten protestantischen Kirche völlig zu zerstören. Alle Gebäude um den Plan wurden nach dem Krieg wieder aufgebaut.

7,7 km

Sennfelder Gurken und Zwiebeln werden nicht nur auf dem Schweinfurter Wochenmarkt abgesetzt, sondern auch als Konserven versandt.

> Von der *Hauptstraße* in Sennfeld rechts die *Schweizerstr.*, dann links bei der Kirche auf dem **Kreis-RWW 6** durch die Gemüsefelder am **Sennfelder See ❺** vorbei, wir biegen nach rechts zur Freizeit- und Erholungsanlage am See, folgen dem Flurweg und erreichen beim **Wasserwerk** die Wehranlagen, früher der Exerzierplatz der Landwehr. Heute erfreuen dort nicht nur die Kinder ein großer Spielplatz, hohe Bäume und ein kleiner Teich. Über die *Maxbrücke ❷* gelangen wir wieder nach **Schweinfurt**, direkt auf das architektonisch beeindruckende **Museum Georg Schäfer** zu.
> Noch vor der 2. Ampel über die Straße *Rusterberg* gelangen wir links auf die *Gutermann-Promenade ❻*, gleichzeitig **Maintal-**

9,2 km

10,0 km

10,1 km

Radweg. Ihm folgen wir mainabwärts und fahren Richtung **Oberndorf**.

Bei der Fahrt am Main könnte uns Rückerts kurzes Gedicht in den Sinn kommen:

»Hättest Mainfurt, hättest Weinfurt,
Weil du führest Wein,
Heißen können, aber Schweinfurt,
Schweinfurt sollt' es sein?«

Nebenbei bemerkt: *Schweinfurt* geht nicht auf das intelligente Borstentier, sondern höchstwahrscheinlich auf das mittelhochdeutsche *swin* gleich »Furt bei einem Sumpf« zurück.

12,6 km
13,0 km
Bei der Autobahnbrücke biegen wir rechts auf den **Main-Werra-Radweg** ❼ , folgen ihm in **Oberndorf** ❽ bis zum **Pfarrgraben**, der links zur Kreuzkirche führt.

Oberndorf, eine alte fränkische Siedlung, war seit dem Kauf durch Schweinfurt reichsstädtisches Territorialdorf und wurde 1919 eingemeindet. Schon vorher hatten sich auf Oberndorfer Gemarkung große Industriebetriebe angesiedelt.

Der **Turm** der alten evangelischen **Kreuzkirche** könnte der Rest einer zerstörten Wasserburg sein, deren Graben noch gut erkennbar sind. Der **Glockenhof** – nach dem Schweinfurter Reichsvogt Johann Glock – dient als Pfarrhaus und wurde an Stelle des Torhauses errichtet.

15,0 km
15,3 km
15,6 km

18,6 km
Wieder zurück zum **Main-Werra-Radweg** und links weiter bis zur Ampel an der *Paul-Gerhardt-Str.* ❾ . Diese rechts bis zur *Florian-Geyer-Str.* ❿ , diese rechts bis zur Ampel, links in die *Richard-Wagner-Str.* ⓫ , an deren Ende ein Radwegweiser Richtung Steinberg leitet.

Bei der Abzweigung *Lindenbrunnenweg* ⓬ führt links der Radweg meist entlang der Kreisstraße nach

23,6 km **Zell** ⓭ . Das »Walddorf« liegt lang gestreckt im engen Zeller Grund, mit dem Bach zwischen den beiden Häuserreihen, mit Pfarrhaus, Schulhaus und Kirche, mit Dorfplatz, Brunnen und Kastanien. 1437 kam Zell an die Reichsstadt Schweinfurt und wurde 1545 protestantisch.

Oberndorf: Kreuzkirche

Von Zell auf der *Talstraße*, dem **Kreis-RWW 3b**, nach **Wei-**
26,2 km poltshausen ⑭ . Höher als Zell, auf der »Schweinfurter Rhön« oder
»Schlettach« liegt das Waldhufendorf – das heißt ursprünglich an
die Höfe anschließende gerodete Parzellen.

Da das Dorf nach 1437 zur Reichsstadt Schweinfurt gehörte,
steht hier eine der wenigen ländlichen evangelischen **Renais-**
sancekirchen im Kreis Schweinfurt. Ausgestattet ist sie unter anderem mit Wappen von Schweinfurter Familien.

Von **Weipoltshausen** fahren wir weiter nach Nordosten,
stets auf dem **Kreis-RWW 3**. Nach rund 2,5 km biegt die-
28,8 km ser Weg mit der Straße rechts ⑮ ab, über den Hoppachshof
32,3 km nach **Hesselbach** ⑯ .

Wer am Abzweig **15** geradeaus fährt, hat mehrere **Möglichkeiten:**
Zunächst auf dem **Kreis-RWW 2** ein Abstecher nach **Madenhau-**
sen, beliebtes Ausflugsziel und einst Schweinfurter Exklave, mit
einem Bild des Schwedenkönigs Gustav Adolf in der Kirche.

Auch der **Anschluss** zu den Touren 13 und 14 ist leicht möglich,
über Volkershausen–Maßbach durchs Lauertal nach **Münnerstadt**
und von Volkershausen nach Osten über Ballingshausen–Altenmünster zum **Ellertshäuser See** und zu den Haßbergen.

32,3 km In **Hesselbach** ⑯ , einem der höchstgelegenen Dörfer in
der »Schweinfurter Rhön«, fahren wir mit dem **Weg RWW**
33,1 km **3** erst rechts, kurz vor Ortsende dann links ⑰ und übers freie
Feld Richtung Wald. An seinem Rand an der Wegegabelung
34,6 km rechts haltend erreichen wir mit dem **Kreis-RWW 3a** ⑱ auf der
Hausener Str.

37,1 km **Üchtelhausen** ⑲ : Die Jakobuskirche steht auf einer Anhöhe, auf
dem Marienplatz in der Dorfmitte steht eine Säule.

Was B'sunnersch
Peter Vollert ist Bildhauer, in Schweinfurt ein bekannter Künstler. Er
hat sich auf Darstellungen religiöser Themen und von Tieren spe-
zialisiert. An seinem Haus führt die Tour vorbei (Tel. 0 97 20/ 4 42).

Von Üchtelhausen auf der *Schweinfurter Str.* ⑳ abwärts,
dann schräg links die Straße, später den Wirtschaftsweg am
Höllenbach, der auf Schweinfurter Gemarkung noch nicht in

Schweinfurt: Museum Georg Schäfer

allerbestem Zustand ist. Sobald der Wald auf der rechten, westlichen Talseite zurücktritt, können wir den jüngsten Stadtteil Schweinfurts, den **Deutschhof** erkennen.

Das Gut **Deutschhof** wurde von der Stadt erworben und kam später in den Besitz der Hospitalstiftung Schweinfurt. Mitte der 60er Jahre wurde der Stadtteil geplant und heute leben rund 6.000 Menschen hier, der Deutschhof wurde eine kleine Stadt in der Stadt.

Unterhalb **Deutschhof** 🅿 überqueren wir an der ersten *Brücke* den Höllenbach, kommen über die *Heidelstein-* und *Haßbergstr.* links 🅒 auf die *Kurt-Schumacher-Str.*, fahren bis zur *Konrad-Adenauer-Str.* 🅒 , diese rechts und über die Ampelanlage. 40,5 km

Hier in der Erholungsanlage Eichen mit Spielplatz und Tiergehege können wir uns entspannen. An heißen Tagen bietet sich noch eine Erfrischung im Sommerbad 🅒 nebenan an. 41,7 km

Oder Sie fahren nicht durch Deutschhof, sondern den Weg im **Höllental** weiter abwärts und besuchen den Biergarten »Zur Höll«.

Zurück zur Stadtmitte vom Sommerbad links in den *Lindenbrunnenweg* und dem Hinweisschild »Innenstadt« folgen ❶ . 44,7 km

Vom Main zum Steigerwald

Schweinfurt - Gerolzhofen - Wipfeld - Schweinfurt

Auf 1 bis 1 1/2 Tage ist diese Tour angelegt. Vom Main bei Schweinfurt geht es in das sanft hügelige Vorland des Steigerwalds über Grettstadt nach Gerolzhofen mit seiner mittelalterlichen Altstadt. Wer mag, kann um das Tor zum nördlichen Steigerwald eine schöne Extrarunde drehen und dabei dem Westrand dieses großen Waldgebietes zu Leibe rücken sowie eine Reihe von Orten wie aus dem Bilderbuch kennen lernen.

Zuletzt fahren wir wieder an den Main und dort ist alles geboten, was bequemes Radeln ausmacht: eine Flussfähre, gute Einkehr, ein neu gebauter Radweg und kaum ein Hügel mehr bis nach Schweinfurt.

Start und Ziel:	*Marktplatz Schweinfurt*
Streckenlänge:	*Schweinfurt–Gerolzhofen 28 km,*
	Gerolzhofen–Wipfeld–Schweinfurt 34 km.
Steigungen:	*Schweinfurt bis Gerolzhofen und zurück*
	nur wenige, kürzere Steigungen, insge-
	samt ca. 100 Höhenmeter.
Sehenswürdigkeiten:	*Schweinfurt: Altstadt, Museum Georg*
	Schäfer; Grafenrheinfeld: Museum mit Kir-
	chenschatz; Grettstadt: Dorfensemble;
	Gerolzhofen: historische Altstadt;
	Zeilitzheim: Barockschloss; Wipfeld:
	malerisches Winzerdorf.

Die Tour auf einen Blick

Nr km | **Beschreibung**

1. Schweinfurt–Gerolzhofen

① 0,0 Start am Marktplatz in **Schweinfurt**, über die *Brücken-*
② 0,7 *straße* bis zur Infotafel an der ehem. Spinnmühle, hier re.
auf die *Gutermann-Promenade* – Alternative: geradeaus
über die *Maxbrücke* und auf Radweg an der Straße direkt
über Gochsheim nach Grettstadt.
Auf dem **Maintal-Radweg** (grüner Doppelpfeil, weiße
③ 3,2 Buchstaben »MR«), mit der **Autobahnbrücke** den Main
überqueren und nach
④ 7,2 **Grafenrheinfeld** hinein: In der Ortsmitte li. die Kreisstraße nach Gochsheim (RWW 5b des Krs. Schweinfurt),
⑤ 10,0 bis zur Kreisstraße Schweinfurt–Schwebheim.
Jetzt re. auf RWW 5 nach **Schwebheim**, wo Anbau von
Heilkräutern verbreitet ist.
⑥ 12,5 Den RWW 5 am östlichen Ortsrand nach re. verlassen,
auf *Schulstraße* und *Spiesheimer Str.* bis zum südlichen
⑦ 14,0 Ortsrand und li. auf der Landstraße nach
⑧ 18,0 **Grettstadt**, zum Dorfkern.
Re. und auf Staatsstraße über Sulzheim und Alitzheim
⑨ 28,0 nach **Gerolzhofen**: *Nördliche Allee* überqueren,
Schächsgässchen zur *Rügshöfer Straße*, kurz re., dann li.
Marktstraße zum *Marktplatz*, Zentrum der Altstadt.

2. Von Gerolzhofen über Wipfeld nach Schweinfurt

⑩ 32,2 Von Gerolzhofen auf RWW 9a nach **Brünnstadt** und
⑪ 35,0 **Zeilitzheim** mit dem Barockschloss. Weiter auf RWW 9a
⑫ 39,2 über **Öttershausen**
⑬ 42,0 nach **Stammheim**.
⑭ 43,0 Re. auf RWW 15 bis Abzweig »Mainfähre«, li. und Fähre
⑮ 44,0 nach **Wipfeld**. Dort re. und auf RWW 16 über Dächheim
und Garstadt nach **Bergrheinfeld**, von dort auf dem
Main-Werra-Radweg bis an den Rand von SW-**Obern-**
dorf und dem **Maintal-Radweg** in die Innenstadt von
① 62,0 **Schweinfurt**.

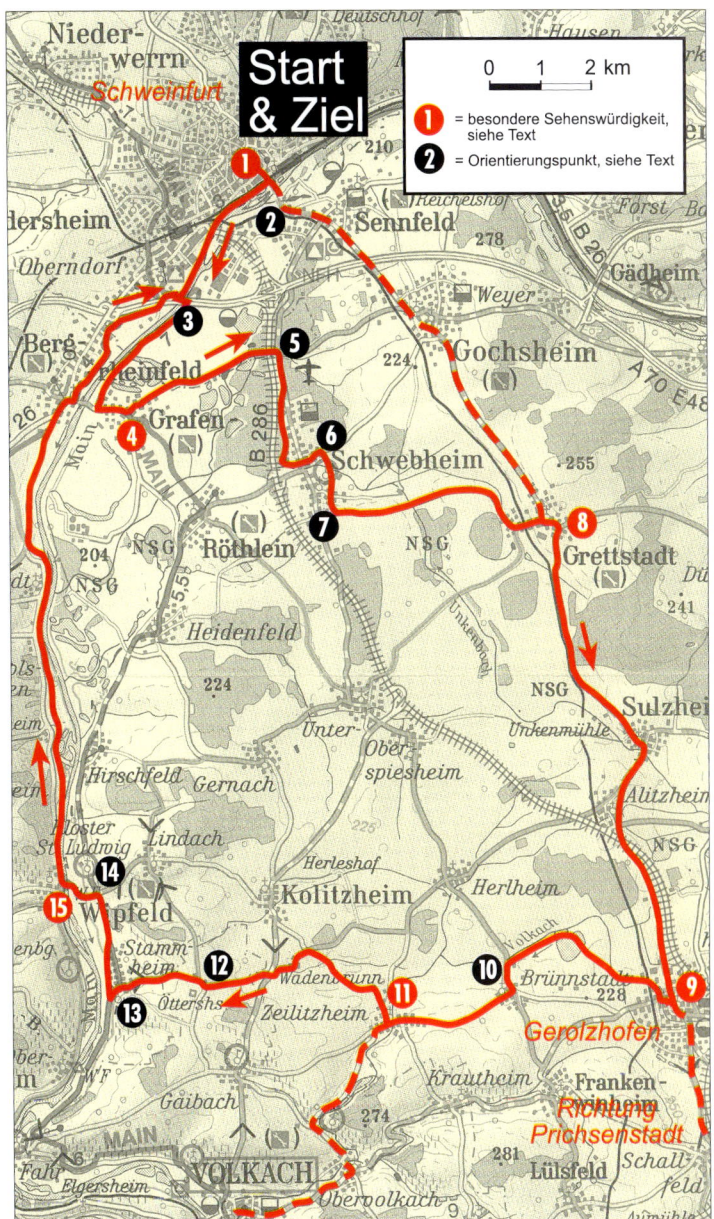

Karten und Informationen:	*siehe Einleitung S. 14/15 und Schweinfurt per Rad erleben (1 : !3.000) sowie Tourist-Plan, Stadt Schweinfurt Tourist-Information, Brückenstraße 20 97421 Schweinfurt, Tel. (0 97 21) 5 14 98, Fax 5 16 05, Internet: www.schweinfurt.de; Verkehrsamt Gerolzhofen, Altes Rathaus, Marktplatz 20, 97447 Gerolzhofen, Tel. (0 93 82) 90 35 12; Fax 90 35 12; Internet http://www.btl.de/gerolzhofen*
Verkehrsverbindungen:	*Bahn-Linie 810, Würzburg–Schweinfurt–Bamberg 2-stündlich RE, dazwischen weitere Züge; Linie 815 Schweinfurt–Bad Kissingen und SW–Grimmenthal–Meiningen je 2-stündlich im Wechsel. Fahrrad-Taxi Volkach, Ernst Leykamm, Tel. (0 93 81) 33 22, E-Mail: service@taxi-volkach.de (Hänger für bis zu 16 Fahrräder).*
Verknüpfungen:	*zu Tour 6 von Gerolzhofen über Prichsenstadt nach Kitzingen, zu Tour 7 von Gerolzhofen nach Volkach.*

1. Von Schweinfurt nach Gerolzhofen

0,7 km — Start am **Marktplatz** ❶ in **Schweinfurt**, über die *Brückenstraße* bis zur Infotafel an der ehem. Spinnmühle ❷ , hier rechts auf die *Gutermann-Promenade* – Alternative: geradeaus über die *Maxbrücke* und auf Radweg an der Straße direkt über Gochsheim nach Grettstadt.

3,2 km — Wir folgen dem **Maintal-Radweg** (grüner Doppelpfeil, weiße Buchstaben »MR«), überqueren mit der **Autobahnbrücke** ❸ den Main und fahren nach

7,2 km — **Grafenrheinfeld** ❹ hinein: Die katholische Kirche ist nach Kriegszerstörungen wieder aufgebaut und ausgestattet worden. Die ehemalige Amtsvogtei, ein Renaissancebau mit Volutengiebeln, dient heute als Gaststätte. Am Kirchplatz wartet das kleine Museum im alten Brauhaus mit wertvollen Stücken aus dem Kirchenschatz auf. Das ortsnahe Naherholungsgebiet bietet neben dem Badesee auch einen Grillplatz.

In der Ortsmitte zweigt links die Kreisstraße nach Gochsheim ab, gleichzeitig mit **RWW 5b** des Kreises Schweinfurt bezeichnet. Am Naherholungsgebiet »Baggersee« vorbei bis zur Kreuzung mit der Kreisstraße Schweinfurt–Schwebheim **5** – geradeaus bietet sich ein Abstecher zum Segel- und Motorflugplatz an.   10,0 km

Sonst aber rechts, jetzt auf dem **RWW 5**, einem separaten Radweg nach **Schwebheim**, das »Apothekergärtlein Deutschlands«, so benannt wegen des verbreiteten Anbaus von Heilkräutern.

Den RWW 5 verlassen wir am östlichen Ortsrand nach rechts **6**, fahren auf der *Schulstraße* und *Spiesheimer Str.* bis zum südlichen Ortsrand und links **7** auf der Landstraße bis nach   12,5 km   14,0 km

Grettstadt 8, dort über die Bahn und direkt in den Dorfkern, einen der schönsten seiner Art in Franken, mit mächtiger Kirchenfassade, in Stufen geschnittener Dorflinde und Renaissance-Rathaus.   18,0 km

Hier rechts und auf der mäßig befahrenen Staatsstraße über Sulzheim und Alitzheim nach **Gerolzhofen 9**.   28,0 km

Über die *Nördliche Allee* und durch das *Schächsgässchen* zur *Rügshöfer Straße*, diese kurz rechts, danach links die *Marktstraße* zum *Marktplatz*, dem Zentrum der sehenswerten Altstadt (siehe unten).

Gerolzhofen ist Wirtschafts- und Fremdenverkehrszentrum im nördlichen Steigerwald. Die rechteckige Altstadtanlage mit zwei teilweise gut erhaltenen Mauergürteln und Türmen lädt zu Entdeckungen ein. Der Marktplatz wird beherrscht vom **Alten Rathaus**, einem dreigeschossigen Bau mit gotischen Treppengiebeln. Im Erdgeschoss sind Verkehrsamt und Rüstkammer und in den Obergeschossen lohnt das Heimatmuseum einen Besuch, insbesondere das **Erste Bayerische Schulmuseum**.

Beeindruckend ist auch die **Stadtpfarrkirche** »Heilige Maria vom Rosenkranz und St. Regiswindis«, der »Steigerwalddom«. Im Inneren weist sie Meisterwerke von Johann Peter Wagner auf, dem im Fränkischen einst sehr aktiven Bildhauer.

Wer die mittelalterliche Stadt genauer ansehen will, besorgt sich den sehr anschaulich erstellten Prospekt »Rundgang durch die historische Altstadt von Gerolzhofen«.

Was B'sunnersch

Das Freizeitbad »Geomaris« vereint Freiluft- und Hallen-Badespaß und lockt mit einer langen, langen Rutsche – ideale Entspannung, falls man eine Tagestour um Gerolzhofen eingeschoben hat.

Freizeitbad Geomaris

Wer die entsprechenden Kreis-Radwanderkarten richtig ausnutzt und verschiedenen mit Nummern bezeichneten Radwanderwegen folgt, kann sich ohne Weiteres eine abwechslungsreiche Extrarunde von **Gerolzhofen** an und über den Westrand des Steigerwalds zusammenstellen: so zum Beispiel über **Bischwind** nach **Donnersdorf**, dort nach Süden über **Michelau** nach **Handthal** und **Oberschwarzach**, um mit einer Schleife über **Prichsenstadt** – von dort Anschluss nach Süden zur Tour 6 – wieder nach Norden **Gerolzhofen** zu erreichen.

2. Von Gerolzhofen über Wipfeld nach Schweinfurt

In Gerolzhofen vom *Marktplatz*, jetzt auf dem **RWW 9a** in nordwestlicher Richtung, vorbei am Hörnauer See nach **Brünnstadt ⑩** und von dort nach

Zeilitzheim ⓫ , einem Weinort, dessen Barockschloss heute ein 35,0 km privat betriebenes Kulturzentrum ist.

Hier **Anschluss** über Obervolkach nach Volkach, dort ggf. Weiterfahrt mit dem Fahrrad-Taxi (s. Info-Teil) oder zur Tour 7, Dettelbach–Kitzingen.

> In der Ortsmitte Zeilitzheim rechts weiter auf dem RWW 9a nach **Öttershausen** ⓬ – linker Hand steht die Konstitutionssäule – und geradeaus direkt nach **Stammheim** ⓭ , einem kleinen Weinbauort. Beim ehem. Rathaus rechts auf RWW 15 bis zur Abzweigung »Mainfähre« ⓮ , dort links: Fähre nach Wipfeld.
>
> 39,2 km
> 42,0 km
> 43,0 km

Vor uns liegt das Kloster Ludwig und rechts auf der Anhöhe das Dorf Lindach. Zur Zeit der Obstbaumblüte, speziell der Kirschen, entfaltet dieser Abschnitt des Maintals seinen ganzen Reiz.

Alternativ kann man auf dieser Mainseite über Grafenrheinfeld direkt nach Schweinfurt fahren.

In **Wipfeld** ⓯ , einem rührigen Winzerort mit hübschen Winkeln 44,0 km und Häckerwirtschaften steht die Kirche beherrschend über dem Ort. Gleich drei bedeutende Persönlichkeiten wurden in Wipfeld geboren: Conrad Celtis, Dichter und Humanist, Engelbert Klüpfel, Theologieprofessor, und Eulogius Schneider, der als Franziskaner und Professor im Strudel der Französischen Revolution sein Leben unter der Guillotine beendete.

Was B'sunnersch
Gleich an der Fähre wartet ein schattiger Biergarten bester Güte und Lage auf durstige und hungrige Radler.

> Von Wipfeld auf dem neuen RWW 16 über Dächheim und Garstadt nach **Bergrheinfeld**. Jetzt dem Main-Werra-Radweg folgend kommen wir bis an den Rand von SW-**Oberndorf** und von dort weiter geradeaus auf dem **Maintal-Radweg** wieder in die Innenstadt von **Schweinfurt** ❶ (Näheres siehe Tour 10).
>
> 62,0 km

Von Religionen und Volksfrömmigkeit

Schweinfurt - Niederwerrn - Oberwerrn - Euerbach - Geldersheim - Werneck - Schweinfurt

Hier kommen die Konfessionen, ihr Mit-, Neben- und Gegeneinander und ihre Spuren in Baustil und -kunst zur Sprache, am Beispiel des Schweinfurter Umlandes.
Weil sich Schweinfurt schon früh und entschieden dem neuen Glauben verschrieben hatte, kamen aus vielen rein katholischen Orten Vertriebene und Exulanten in die Stadt. Die Juden indes gerieten immer wieder zwischen alle Stühle. Nach 1554 aus Schweinfurt vertrieben, ließen sie sich in vielen Dörfern im näheren Umkreis nieder.

Nach dem 2. Weltkrieg waren wegen des Holocaust keine Juden mehr anzutreffen, und die starke Zuwanderung vor allem von Sudetendeutschen sowie die gewollte Vermischung mit den Einheimischen hat die konfessionellen Gegensätze abgeschwächt.

Start und Ziel:	*Schweinfurt Hbf oder Stadtmitte Marktplatz.*
Streckenlänge:	*53 km, Abstecher Sömmersdorf + 7 km. Steigungen: mehrere kurze, selten kräftige Anstiege, insgesamt ca. 200 Höhenmeter.*
Sehenswürdigkeiten:	*Schweinfurt: Rathaus, Johanniskirche, Kilianskirche; Niederwerrn: Synagoge; Oberwerrn: Dorfensemble; Passionsspiele Sömmersdorf; Euerbach: Judenfriedhof; Geldersheim: karolingische Kapelle, Kirche mit Guden, Egenhausen: Dorfbild; Eckartshausen: Wallfahrtskirche; Werneck: Barockschloss mit Park.*
Karten und Informationen:	*siehe Einleitung S. 14/15 und Schweinfurt per Rad erleben (1 : 13.000), Stadt Schweinfurt Tourist-Information, Brückenstraße 20, 97421 Schweinfurt, Tel. (0 97 21) 5 14 98, Fax 5 16 05, Internet: www.schweinfurt.de*

St. Kilian in Schweinfurt

Die Tour auf einen Blick

Nr	km	Beschreibung
❶	0,0	Start am **Hbf. Schweinfurt**: nach re. in die *Hauptbahn-hofstr.* und nach Schildern »Innenstadt« durch die
❷	1,5	Fußgängerzone zum **Marktplatz** mit dem **Rathaus**. Von dort – ggf. Rad in der *Metzgergasse* abstellen und zu Fuß weiter – geradeaus die *Rückertstr.*, re. *Burggasse* und
❸	1,8	*Frauengasse* zur Kirche **St. Salvator** im Stadtviertel Zürch. Wieder zurück zum **Marktplatz** und – evtl. weiter zu Fuß – re. zum *Martin-Luther-Platz* mit der
❹	2,4	Kirche **St. Johannis**. Wieder mit dem Rad von der *Metzgergasse* re. *Judengasse, Rosengasse, Fischerrain* zum *Albrecht-Dürer-Platz* und weiter die *Siebenbrückleinsgasse* zum Parkplatz der **Städt. Sparkasse** mit dem **Gedenkstein** für die zerstörte **Synagoge**.
❺	3,3	Am *Anton-Niedermeier-Platz* steht die **Heilig-Geist-Kirche**
❻	3,4	Re. *Schultesstr.*,
❼	3,5	re. *Rüfferstr.*,
❽	4,4	li. *Niederwerrner Str.* stadtauswärts – Abstecher li. zur
❾		Kirche **St. Kilian**. Auf der *Niederwerrner Str.* stets geradeaus auf dem Kreis-
❿	8,4	RWW 23 über **Niederwerrn** mit ehem. jüdischer Schu-le (Rathaus), Synagoge und evangelischer Kirche nach
⓫	11,7	**Oberwerrn** mit dem Ensemble um die Kirche St. Bartholomäus.
⓬	13,2	Weiter auf dem RWW 23 nach **Kronungen**. Dort li.
⓭	15,9	nach **Kützberg**, dort li. und auf RWW 23c
⓮	17,8	am **Euerbacher Judenfriedhof** vorbei in den Ort. **Abstecher** von Kützberg über **Obbach** mit schöner Kirche nach **Sömmersdorf**, dem fränkischen Passions-spielort. Auf Rückweg in Obbach re. und direkt auf RWW 22 nach Euerbach.
⓯	21,6	Von Euerbach auf Kreis-RWW 21 nach **Geldersheim** mit ehem. Kirchenfestung und uralter Kapelle. Auf Kreis-
⓰	26,5	RWW 21 nach **Schnackenwerth** und
⓱	30,4	**Egenhausen** mit Spätrokoko-Kirche und Friedhof. Von hier auf Kreis-RWW 20 an Vasbühl vorbei nach

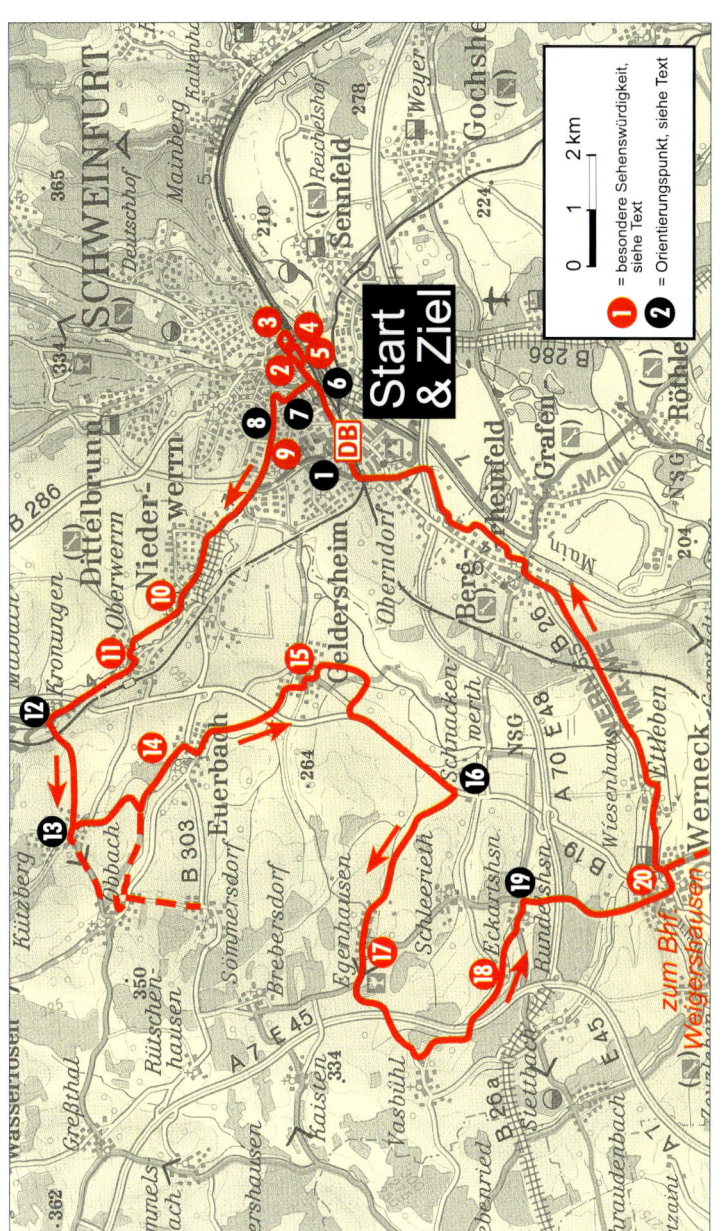

18 35,5 **Eckartshausen** – mit der Wallfahrtskirche – und nach
19 36,8 **Rundelshausen**. Dort re. und mit RWW 19a nach
20 39,3 **Werneck** mit dem **Barockschloss**. Von hier nur 2 km
nach Weigolshausen zum Bahnhof.
Zurück nach **Schweinfurt** auf dem **Main-Werra-Radweg** über **Ettleben**, **Bergrheinfeld** und SW-**Oberndorf**
1 53,0 bis zur Bahn-Unterführung und re. zum Hbf. **Schweinfurt**.

Verkehrsverbindungen:	*Bahn-Linie 810, Würzburg–Schwein-furt–Bamberg 2-stündlich RE, dazwischen weitere Züge, Linie 815 Schweinfurt–Bad Kissingen/ Meiningen mit stündlichem Halt in Poppenhausen.*
Verknüpfungen:	*Von Kronungen auf dem Main-Saale-Weg ins Saale-Tal zu Tour 13 oder von Kütz-berg auf Kreis-RWW 22 über Heilig-Kreuz-Kapelle und Sulzthal zur Trimburg überm Saaletal; von Kronungen auf dem Main-Werra-Weg zu der Tour 13.*

Start am **Hbf. Schweinfurt 1** , nach re. in die *Hauptbahn-
hofstr.* und dann den Schildern »Innenstadt« folgend durch
die Fußgängerzone, wo »dank« eines Radler-unfreundlichen
Akts der Stadtverwaltung geschoben werden muss, zum **Markt-
1,5 km platz** mit dem schönen Renaissance-**Rathaus 2** .
  Ideal ist, das Rad in der *Metzgergasse* abzustellen und zu Fuß
1,8 km zur Kirche **St. Salvator 3** im Stadtviertel Zürch zu gehen.

Glaube, Religion und Volksfrömmigkeit hängen eng zusammen, oft
spielen aber auch politische Gründe eine Rolle, was geglaubt wird
– oder werden sollte: »Wess' Brot ich ess', dess' Lied ich sing' ...«
– hieß es bekanntlich zu Zeiten der Glaubenskämpfe. Der Rat der
freien Reichsstadt Schweinfurt schätzte die Lage, vom katholischen
Hochstift Würzburg allseits umschlossen zu sein, richtig ein und war
zurückhaltend mit der Einführung von Luthers Lehre. Anlässlich
des Fürstentages 1532 in Schweinfurt predigte der sächsische Hof-
prediger Georg Spalatin zum ersten Mal evangelisch, und zwar
wegen der großen Zahl der Gläubigen auf der Freitreppe der kleinen Liebfrauenkirche – heute **St.-Salvator-Kirche**.

Schweinfurt suchte einen neuen Schutzherrn, fand ihn im Landgrafen Philipp von Hessen, der Johannes Sutellius als Pfarrer hierher entsandte, der entschieden lutherisch gesinnt war.

Vom **Marktplatz** – besonders schön am Markttag, wenn die Bauern aus Sennfeld und Gochsheim ihr Obst und Gemüse anbieten – sind es in der anderen Richtung nur wenige Schritte zum *Martin-Luther-Platz* mit der romanisch-gotischen Kirche **St. Johannis** ❹ , der ältesten Schweinfurter Kirche.

2,4 km

> Wieder mit dem Rad von der *Metzgergasse* rechts zur *Judengasse* – typisch deren Nähe zum Rathaus, um die Geldverleiher möglichst schnell zu erreichen –, weiter die *Rosengasse*, rechts den *Fischerrain* zum *Albrecht-Dürer-Platz* und weiter die *Siebenbrückleinsgasse* zum Parkplatz der **Städt. Sparkasse**, dort steht der **Gedenkstein** für die zerstörte Synagoge.

In Schweinfurt lebten seit dem Mittelalter Juden, von ihnen hatten die Stadtväter eine größere Geldsumme geliehen, nach den Plünderungen im Markgräfler Krieg 1554 lag die Stadt am Boden. Den Juden dieses Geld zurückzuzahlen, hätte den Wiederaufbau wohl fast unmöglich gemacht. Am 3. Sept. 1555 erwirkte man daher von Kaiser Karl V. das Privileg, die Juden am Aufbau ihrer abgebrannten Häuser zu hindern und sie so aus der Stadt zu vertreiben. Erst ab 1840 durften sie wieder in der Stadt wohnen. Allerdings war ihnen der Handel in Schweinfurt nicht untersagt.

Am *Anton-Niedermeier-Platz* steht an Stelle der früheren Spitalkirche, der ersten katholischen Kirche in Schweinfurt nach der Reformation, die neuromanische **Heilig-Geist-Kirche** ❺ .

3,3 km

> Rechts ❻ die *Schultesstr.*, rechts ❼ die *Rüfferstr.* und *Roßbrunnstr.* zur *Niederwerrner Str.* ❽ und hier links stadtauswärts.

3,4 km

4,4 km

Nach rechts bis zur *Neutorstr.* und diese links ist ein **Abstecher** zum **Städtischen Friedhof** möglich: mit Gräbern bedeutender Bürgermeister, Industrieller und Geistesgrößen sowie Massengräbern für im 2. Weltkrieg in den Bomben umgekommener Schweinfurter.

Von der Niederwerrner Straße aus ist linker Hand der Turm der Kirche **St. Kilian** ❾ zu sehen: Im 2. Weltkrieg zerstört, zeichnet den Neubau das mit 250 m² größte Kirchenglasfenster Deutschlands des Kölner Kunstmalers Georg Meistermann aus.

Kirche in Oberwerrn

Unser Weg hinaus aus der Stadt folgt der *Niederwerrner Str.* und erreicht

8,4 km **Niederwerrn** ❿ . Zunächst kommen wir am alten Rathaus vorbei, der ehemaligen jüdischen Schule, und in der *Schweinfurter Straße*

23 im Gebäude der früheren **Synagoge** ist heute die Gemeinde-
bücherei eingerichtet. Seit etwa 1570, nachdem viele von
Schweinfurt hierher gekommen waren, stellten Juden zeitweise bis
zu einem Drittel der sonst evangelischen Bevölkerung. 1938 entging
nur der Bau der Synagoge – nicht die Inneneinrichtung! – in Niederwerrn sicher auch deshalb der Zerstörung, weil er so nah an anderen Gebäuden stand. – Die evangelische Kirche mit schönem
Zwiebelturm ist einen Besuch wert. Katholiken kamen übrigens
erst als Flüchtlinge in größerer Zahl in den Ort.

Von Niederwerrn aus leitet der **Kreis-RWW 23** uns nach Oberwerrn ⑪ . Auf dem Hügel westlich des Flüsschens gruppieren sich   11,7 km
um die Kirche **St. Bartholomäus** das Pfarrheim, das renovierte
Backhaus und die Dorflinden. Solche Kirchtürme – bereits vor 400
Jahren gleichsam in Echter'scher Fertigbauweise errichtet und
heute wie Stecknadeln die fränkische Landschaft um Würzburg
markierend – stehen auch in Kronungen, Kützberg und Sömmersdorf. – Ein berühmter Oberwerrner ist Hugo von Trimberg
(*1235), der »Bamberger Schulmeister«.

 Weiter auf dem RWW 23, vorbei an der Storchmühle nach
Kronungen ⑫ .   13,2 km

Was B′sunnersch

... ist die Storchmühle mit dem Hofladen Kuhn: zum Einkauf ge-
sunder Nahrung und zur radlerfreundlichen Einkehr bei fränkischer
Brotzeit mit selbst gemachtem Apfelsaft oder Kaffee und Kuchen.
Gruppen sollten sich anmelden, Tel. 0 97 26/ 12 13; sogar Zelten
bei der Mühle ist nach Absprache möglich.

 Von Kronungen links auf dem Kreis-RWW 23, aus dem
Werntal nach **Kützberg** ⑬ .   15,9 km

Verknüpfungen: Von Kronungen zur Tour 13 auf Main-Saale- oder
Main-Werra-Weg.

Abstecher von Kützberg: Auf dem Kreis-RWW 23 erst nach
Obbach, wo eine schöne Kirche steht, und weiter auf RWW 21a
nach **Sömmersdorf**, den Ort, in dem alle 5 Jahre (2003 wieder) die
Fränkischen Passionsspiele aufgeführt werden.

 Ohne diesen Abstecher von Kützberg auf Kreis-RWW 23a   17,8 km
am **Euerbacher Judenfriedhof** ⑭ vorbei.

Er liegt auf landwirtschaftlich weniger gutem Boden – entsprechend der Tatsache, dass die armen Landjuden kein Geld für teuren Grunderwerb hatten.

Der Ort **Euerbach** war halb evangelisch, halb katholisch. Um die protestantische Kirche gruppiert sich eine Gadenanlage, die katholische **Rokokokirche** wurde nach Plänen von Balthasar Neumann errichtet; wer den Judenfriedhof besuchen will, fragt bei der Gemeinde (Tel. 0 97 26/91 55-0) nach.

> Tiefer in den reichen Schweinfurter Gau führt der Weg nach

21,6 km **Geldersheim** . Das alte, stets wohlhabende Dorf – mundartlich »Galderschum« – war früher der Sitz einer Kaiserpfalz und besaß weit mehr Bedeutung als alle anderen Orte ringsum. Um die Kirche St. Nikolaus gruppiert sich die Gadenanlage mit einem archäologischen Museum (Tel. 0 97 21/78 87-0). Uralt ist die karolingische Kapelle, die vor ein paar Jahren restauriert wurde.

> Der Kreis-RWW 21 biegt nach Süden ab, führt zur B 19 und
26,5 km neben ihr nach **Schnackenwerth** ⑯ , biegt erneut ab und erreicht

30,4 km **Egenhausen** ⑰ . Mit seinem sehenswerten Dorfensemble gewann das Dorf mehrmals Preise beim Wettbewerb »Unser Dorf soll schöner werden«.

> Von hier leicht ansteigend, an der Gabelung links haltend auf Kreis-RWW 20 an **Vasbühl** – Abstecher zum Bildhauer Julian Walter (Tel. 0 97 22/17 07) zu empfehlen – vorbei nach

35,5 km **Eckartshausen** ⑱ : Die spätgotische Wallfahrtskirche Mariä Heimsuchung überragt das Dorf; ihre Innenausstattung weist das gotische Gnadenbild der »schmerzhaften Mutter Gottes« auf und im Ostchor ist das mittelalterliche Grab eines Jakobspilgers zu finden. Ein neu geschaffener Jakobsweg führt durch Eckartshausen.

36,8 km Weiter auf dem **RWW 19** nach **Rundelshausen** ⑲ und rechts ab auf dem **RWW 19a** ist schnell

Schloss Werneck

Werneck erreicht. In dem Markt steht das bedeutendste profane Bauwerk von Balthasar Neumann, das **Barockschloss** 20 . Der 39,3 km Würzburger Fürstbischof Friedrich Karl von Schönborn ließ sich hier einen Sommersitz bauen. Heute wird das Schloss vom Bezirk Unterfranken als Krankenhaus genutzt. Nach mehrmaligen Restaurierungen der Anlage ist der Öffentlichkeit der – um 1860 englisch umgestaltete – Schlosspark zugänglich. Zudem finden die Wernecker Schlosskonzerte statt.

Wer die Rückfahrt abkürzen will, radelt nach **Waigolshausen** und steigt dort in den Zug.

Mit dem Rad zurück nach **Schweinfurt** auf dem **Main-Werra-Radweg** über Ettleben, Bergrheinfeld und SW-Oberndorf bis zur Eisenbahn-Unterführung und hier rechts zum Hbf. **Schweinfurt** ❶ . 53,0 km

Was B'sunnersch
zum Abschluss, ein nicht alltägliches Restaurant: Das »Löwenzahn« am Unteren Wall wurde maßgeblich von Roland Breitenbach – auch als »Motorrad-Pfarrer« bekannt – eingerichtet. Mit etwas Glück kann man einem leibhaftigen Pfarrer beim Bierzapfen begegnen.

Kunstfahrt um Bad Kissingen

*Bad Kissingen - Bad Bocklet - Münnerstadt - Bad Kissingen
sowie - Oberthulba - Hammelburg*

Bad Kissingen, das bayerische Staatsbad an der Fränkischen Saale und dem Radfernweg gleichen Namens, ist Ausgangspunkt für eine Tour vor allem auf den Spuren von Tilman Riemenschneider. Die Runde verläuft weitgehend flach, folgt der Saale und der Lauer, ehe sie mit einem kräftigen Waldanstieg die Höhen östlich von Kissingen gewinnt. Zum Schluss belohnt das Panorama über die Kurstadt bis zu den Rhönbergen für die mäßige Mühe zuvor.

Start und Ziel:	*Bahnhof Bad Kissingen.*
Streckenlänge:	*51 km, Abstecher Frauenroth + 8 km.*
Steigungen:	*eine stärkere Steigung, wenige leichte, insgesamt ca. 150 Höhenmeter.*
Sehenswürdigkeiten:	*Bad Kissingen: Kuranlagen und -bauten, Altes Rathaus; Aschach: Schloss, jetzt Volkskunde- und Schulmuseum; Abstecher Frauenroth: Grab des Minnesängerpaars; Bad Bocklet: Kuranlagen; Steinach: Kruzifix von Riemenschneider; Unterebersbach: Engel von Riemenschneider; Münnerstadt: Stadtbefestigung, Stadtpfarrkirche mit Werken von Riemenschneider und Veit Stoß.*
Karten und Informationen:	*siehe Einleitung S. 14/15 und ADFC-Regionalkarte (1 : 75.000) Rhön, Bielefelder Verlagsanstalt*
	Kur- und Tourist-Information Bad Kissingen, Tel. (09 71) 80 48-0, Fax 80 48-2 39, E-Mail: tourismus@badkissingen.de
	Kur- und Fremdenverkehrsverein Bad Bocklet, Tel. (0 97 08) 2 21; Tourismusbüro Münnerstadt, Tel. (0 97 33) 81 05 28.

Die Tour auf einen Blick

Nr	km	Beschreibung

❶ 0,0 Start am Bahnhof Bad Kissingen, die *Bahnhofstraße* bis zur *Friedrich-Ebert-Str.*, in diese li., beim Sportpark in den

❷ 0,5 Fußweg zur *Lindesmühlenpromenade*. Hier re. auf den

❸ 5,0 **Saaletal-Radweg** nach **Hausen**.

❹ 8,5 Zweimal über den Fluss, so auch beim Wehrhaus für den Luitpoldsprudel, weiter auf Wirtschaftsweg an Großen-

❺ 11,5 brach vorbei nach Aschach mit dem Graf-Luxburg-Museum im Schloss.

❻ 13,5 Von Aschach weiter auf dem Saale-RW nach Bad Bocklet,

❼ 16,5 das kleine, beschauliche Staatsbad, und über **Hohn**

❽ 18,5 nach Steinach mit dem Kruzifix von Tilman Riemen-schneider.

❾ 21,0 Es folgen **Nickersfelden**, Unterebersbach mit dem

❿ 26,0 Riemenschneider-Engel, **Oberebersbach** und **Nieder-lauer**. – Abkürzung über **Salz** nach **Bad Neustadt** (Bahnhof).

In Niederlauer zweigt die Route ab nach Süden, folgt

⓫ 28,0 dem Main-Werra-Radweg über **Burglauer**

⓬ 31,5 nach Münnerstadt, dem Kleinod mit großem Riemenschneider-Altar.

⓭ 36,3 Weiter auf dem Main-Werra-RW über Thalkapelle zum

⓮ 38,5 **Thalhof**, re. ab auf dem Kreis-RWW 63, aufwärts durch

⓯ 45,0 den Wald und nach **Nüdlingen**. Im Ort über die B 287 und li. vom RWW 63 weg, aber ausgeschildert abwärts ins Nudelbachtal, dann links haltend am Hang des Sinn-bergs und am Bismarckturm vorbei – gute Aussicht! –

❶ 51,0 nach Bad Kissingen.

Verkehrsverbindungen:	*Bahn-Linie 803 Gemünden–Hammel-burg–Bad Kissingen mind. 2-stündlich; Linie 815 Schweinfurt–Bad Kissingen mind. 2-stündlich und SW–Münnerstadt–Bad Neustadt mind. 2-stündlich.*
Verknüpfungen:	*von Bad Kissingen auf dem Saaletal-Rad-weg bis Gemünden (Tour 9), Tour 12 auf Main-Saale-Radweg.*

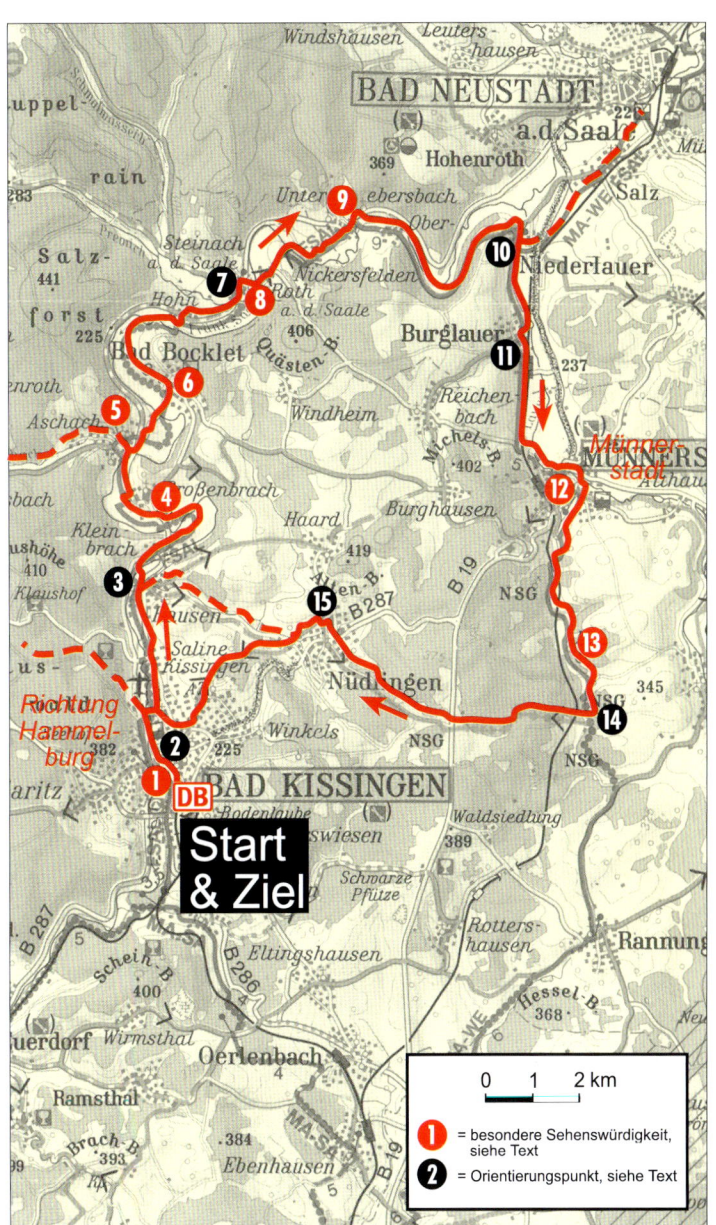

Bad Kissingen ❶ wurde 801 erstmals als »Chizziche« genannt. Seit dem 11. Jahrhundert herrschten hier die Grafen von Henneberg. Einer von ihnen, der Minnesänger Otto, nannte sich nach seiner Stammburg Bodenlaube oberhalb von Kissingen. Burg und Stadt fielen vor 1400 an das Hochstift Würzburg.

Im Jahr 1544 schon fiel der Begriff »Badeort«. Die Würzburger Fürstbischöfe zählten zu den eifrigen Förderern der Kissinger Heilquellen. Die Leitung der notwendig gewordenen Bauarbeiten übernahm Balthasar Neumann. Mit dem hier ansässigen Apotheker Boxberger entdeckte er 1737 den Rakoczy-Sprudel neu. Nach dem Übergang an Bayern 1814 begann eine stete Aufwärtsentwicklung des Kurbades. Klassizistische Bauten wie Regenten- und Arkadenbau im Prinzregentenstil von Andreas Gärtner und Max Littmann bestimmen das Bild. Bad Kissingen wurde Treffpunkt der politischen und geistigen Größen der Zeit: Zar Alexander II. von Russland, Habsburgs Kaiserpaar Franz Josef II. und Elisabeth sowie die bayerischen Könige, Bismarck, Lenbach, von Scheffel, Fontane und Tolstoi und viele andere mehr. In der Stadt selbst sind das **Alte Rathaus** und die katholische Pfarrkirche St. Jakobus sehenswert sowie eine orthodoxe Kirche. In den Sommermonaten können wir die Blütenpracht des Rosengartens bewundern, das Rakoczyfest, den »Kissinger Sommer« und die Theatertage besuchen, Tel. (09 71) 80 48-0.

> 5,0 km   Auf dem **Saaletal-Radweg** bis an den Ortsrand von **Hausen** ❸. Größter Sohn Hausens war Julius Kardinal Döpfner, Erzbischof von München und Freising, an den ein Bronzerelief an der linken Innenwand der ehemaligen Klosterkirche erinnert.
>
> Weiter auf dem Saaletal-Radweg über Kleinbrach zu einer Wiese nahe **Großenbrach**.

Dort steht der Luitpoldsprudel mit seinem Brunnenturm. Das alte **8,5 km Brunnengebäude** ❹ beherbergt jetzt ein kleines Museum, Besichtigungen nach Vereinbarung, Tel. (09 71) 43 22.

Mit etwas Glück begegnen wir im Tal der Postkutsche, der letzten in Deutschland im Postliniendienst.

11,5 km Aschach ❺ war jahrhundertelang Verwaltungssitz der Henneberger, später der Fürstbischöfe von Würzburg. Im Schloss arbeitete im 19. Jahrhundert die Steingutfabrik des Schweinfurter Industriellen Wilhelm Sattler. Der letzte Besitzer, Graf von Luxburg, schenkte es dem Bezirk Unterfranken, der es zu einem Volkskunde- und Schulmuseum umgestaltete, Tel. (0 97 08) 3 58.

Ein **Abstecher** nach **Frauenroth** bietet sich hier an: auf dem Kreis-RWW 43 zum **Grabmal** des Minnesängers Otto von der Bodenlaube und seiner Frau Beatrix von Courtenay in der ehem. Klosterkirche (einfach 4 km, geringe Steigung).

Grabmal in Frauenroth

Weiter an der Saale geht es nach Bad Bocklet . Anders als das 13,5 km weltläufige Bad Kissingen hat sich dieses Idyll in seiner anmutigen Abgeschiedenheit den Biedermeiercharakter erhalten. Der Aschacher Pfarrer Georg Schöppner entdeckte 1724 die erste Bockleter Quelle, die wegen ihres Eisengehalts »Stahl-Quelle« genannt wurde.

 Nach der nächsten Biegung kommen wir über **Hohn** ❼ 16,5 km nach

Steinach ❽ : Den künstlerischen Anziehungspunkt birgt die Kirche 18,5 km St. Nikolaus: ein Kruzifix von Tilman Riemenschneider. Ein Zettel, auf der Rückseite in einem Kästchen entdeckt, weist das Werk als vom großen Meister selbst geschaffen aus.

 Die nächsten Orte am Saale-Radweg sind **Roth** und **Nickersfelden**.

Unterebersbach ❾ nennt wieder ein Meisterwerk von Tilman Rie- 21,0 km menschneider sein Eigen: In der Pfarrkirche St. Peter und Paul hing

Münnerstadt

schon immer ein Engel, bemalt und mit Flügeln versehen. Bei der Restaurierung wurde er als ein Werk Riemenschneiders erkannt; die später angefügten und nicht dazugehörigen Flügel wurden abgenommen und die das feingliedrige Werk störende Farbe entfernt.

Von Unterebersbach über **Oberebersbach** gelangen wir nach **Niederlauer** ❿.
Von hier kann man nach **Bad Neustadt** an der Saale zum Bahnhof fahren.
Sonst führt die Route weg von der Saale, bei der Kirche rechts um die Kurve und stößt auf den Main-Werra-Radweg (oranger Doppelpfeil). Er leitet uns über **Burglauer** ⓫ nach Münnerstadt direkt zur Kirche Maria Magdalena.

31,5 km **Münnerstadt** ⓬ , 770 erwähnt, hatte verschiedene Herren, unter anderem unterhielt der Deutsche Orden hier fast 670 Jahre lang eine Komturei. Mächtige und hohe Stadttore, eine teilweise gut erhaltene Stadtmauer, das Rathaus und die Zehntscheune ergeben ein Bild wie aus längst vergangenen Tagen. Kunstliebhaber besuchen die Stadtpfarrkirche St. Maria Magdalena, aus guten Gründen: gotische farbige Fenster im Chor, Tilman Riemenschneiders Magdalenenaltar – von den Original-Figuren sind einige in Museen zu finden –, Veit Stoß' Bildtafeln mit der Kilianslegende, großartige Renaissance-Grabmäler.

Die Klosterkirche gilt als die schönste Rokokokirche Unterfrankens, das Heimatmuseum als vorbildlich. Und in dem fränkischen Heimatspiel »Schutzfrau von Münnerstadt« wird eine Begebenheit aus dem 30-jährigen Krieg aufgegriffen.

Von der Kirche fahren wir durch die *Jörgentorgasse* und das **Jörgentor** hinaus aus der Altstadt, biegen wieder rechts auf den **Main-Werra-Weg** und erreichen die

Thalkapelle ⓭ , eine alte Wallfahrtskirche. Der Thalbach verläuft 36,3 km
in einer geologischen Störungszone mit dem größten Grundwas-
servorkommen in Nordbayern, das unter anderem Münnerstadt
und Bad Kissingen mit Trinkwasser versorgt.

Weiter noch auf dem Main-Werra-Weg bis zum **Thalhof**
⓮ , danach rechts ab auf dem RWW 63 des Kreises Bad 38,5 km
Kissingen: Es geht aufwärts, der Weg ist nicht sehr gut, aber unterwegs wird man mit dem Anblick der **Hornwiese** (NSG) belohnt, die im Frühjahr herrliche Blütenpflanzen zeigt.

Auf dem RWW 63 bis nach **Nüdlingen** ⓯ . Schön sind die 45,0 km
Pfarrkirche, der Tor- oder Schulturm und der Pfarrhof.

In **Nüdlingen** überqueren wir die *Kissinger Straße* (B 287), biegen kurz danach links vom RWW 63 ab und fahren auf ausge-
schilderten Wegen entweder am Nudelbach über Hausen nach
Bad Kissingen oder direkt – mit weiten Blicken, am Bismarckturm
vorbei – in die **Kurstadt** ❶ , zum *Berliner Platz*. 51,0 km

Dort links die *Hemmerichstraße*, die *Kapellenstraße* rechts, am
Theaterplatz links–rechts–links und auf der *Prinzregentenstraße*,
bis rechts die *Bahnhofstraße* abzweigt, zurück zum **Bahnhof**.

Wer länger in Bad Kis-
singen ist, kann leicht
mit Hilfe der Kreis-
Radwanderkarte wei-
tere anregende Tou-
ren erkunden: Eine
davon startet mit
dem Vorschlag Nr. 42
von **Bad Kissingen**
hinauf in den Klaus-
wald – wo uns ein
Abstecher zum **Wild-
park** am Klaushof
bringt. Weiter nach

Hammelburg

Lauter mit der lächelnden Madonna, von dort über Poppenroth
nach Oberthulba. Weiter auf dem **Thulbatal-Radweg** immer leicht
abwärts über **Thulba** mit seiner Basilika St. Lambert bis zur Fränkischen Saale und nach **Hammelburg**. Der älteste Weinbauort Frankens glänzt mit seinem Marktplatz und dem fürstäbtlichen Kelle-
reischloss vor der Kulisse von Schloss Saaleck .

Rund um Haßfurt und Zeil

Haßfurt - Ellertshäuser See - Hofheim i. UFr. - Königsberg i. Bay. - Haßfurt

chon Victor von Scheffel dichtete in seinem Frankenlied: »Von Bamberg bis zum Grabfeldgau umrahmen Berg und Hügel die breite, stromdurchglänzte Au, ich wollt', mir wüchsen Flügel!« Wir übersetzen dies einmal in geographische Prosa und merken an, dass damit Haßberge und Steigerwald gemeint sind.

Unsere Tour folgt erst dem Tal der Wässernach, um vom Main weg in den Hofheimer Gau unterhalb der Haßberge zu kommen. Fast ganz hinauf fahren wir bei Eichelsdorf und kommen so einer alten Höhensiedlung nahe, die von den Kelten angelegt und auch später genutzt wurde. Die aktive Erholung fördert dann der Abschluss der Runde: mit Hofheim, Unfinden und Königsberg in Bayern gleich drei reizvolle Orte, und auf der alten Bahntrasse des »Hofheimerle« hinunter nach Haßfurt rollt das Rad von allein. – Wer noch Luft und Muße hat, hängt eine Extratour an, fährt von Haßfurt südlich an den Rand des Steigerwalds und kehrt über Sand und den Main zurück nach Zeil. Mit einer Variante ist auch der letzte Kirchenbau von Balthasar Neumann gut zu erreichen: Maria Limbach.

Start und Ziel:	*Bahnhof Haßfurt, Ziel nach dem Abstecher auch Bahnhof Ebelsbach-Eltmann oder Zeil.*
Streckenlänge:	*63 km, Extratour nach Maria Limbach + 24 km.*
Steigungen:	*1 längere Steigung mit rund 150 Höhenmetern, viele kleinere Steigungen, auf den Haßberge-Rand kräftig, insgesamt etwa 500 Höhenmeter.*
Sehenswürdigkeiten:	*Haßfurt: Ritterkapelle, Marktplatz; Ellertshäuser See; Wetzhausen: Schloss; Eichelsdorf: Schwedenschanze; Hofheim: Stadtbild; Unfinden: Dorfbild; Königsberg i. Bay.: Stadtkern und Burgruine. – Zeil a. Main: Stadtbild; Sand a. Main: NSG Altmain, Maria Limbach.*

Haßfurt: Stadtpfarrkirche

Die Tour auf einen Blick

Nr km	Beschreibung

Start am **Bahnhof** in **Haßfurt**, die *Bahnhofstr.* zur nahen

1 0,5 *Hauptstr.* und diese links zur Ritterkapelle, Wahrzeichen

2 0,8 Haßfurts. Zurück die *Hauptstraße* zum Marktplatz mit
Rathaus und Stadtkirche. Hinunter zum

3 1,0 **Maintal-Radweg** und re., wo auch die **Radtour 3**
des Naturparks Haßberge beginnt. Mit dieser durch

4 3,3 **Wülflingen**, weiter im Tal der **Wässernach** aufwärts,

5 8,4 nach rd. 5 km an der Wegegabelung re. und auf die

6 9,6 Hochfläche: nach **Sailershausen**, durch den Ort und
links.

7 11,0 Bald wechselt die Bezeichnung: **Radtour 4** des NP Haßberge; mit dieser über **Kreuzthal** nach

8 18,1 **Reichmannshausen** und von hier mit der **Radtour 21**

9 22,9 zum Ellertshäuser See, Stausee und vielfältiges Naherholungsziel.

10 24,9 Am Ende des Damms re. und auf der Straße über **Fuchs-**

11 26,7 **stadt** und **Wettringen**

12 29,7 nach Wetzhausen – mit dem Schloss der Truchsesse.
Am Ortsende re. und weiter auf der Kreisstraße nach

13 31,7 **Birnfeld**. Am Ortsende die Tour 21 verlassen,

14 34,7 auf einem Wirtschaftsweg nach **Nassach**.
In **Nassach** li. und ein Stück den **Haßbergtrauf** hinauf,
wo wir auf die **Radtour 7** (von li.) einschwenken,

15 37,7 der wir über **Rottenstein** hügelig

16 40,2 bis Eichelsdorf – mit dem ehem. Wasserschloss – folgen.

17 42,4 Auf Radweg an der Straße nach Hofheim – mit schönem
Stadtkern und Eisenbahnmuseum.
Vom ehem. Bahnhof auf dem Bahntrassen-Radweg des

18 51,0 »Hofheimerle«, dann li. nach Unfinden, dem schönen
Dorf, und direkt nach

19 52,8 Königsberg i. Bay., der Bilderbuchstadt mit Burgruine.
Zurück auf den »Hofheimerle«-Weg und wieder ins

1 63,0 Maintal bis nach Haßfurt.

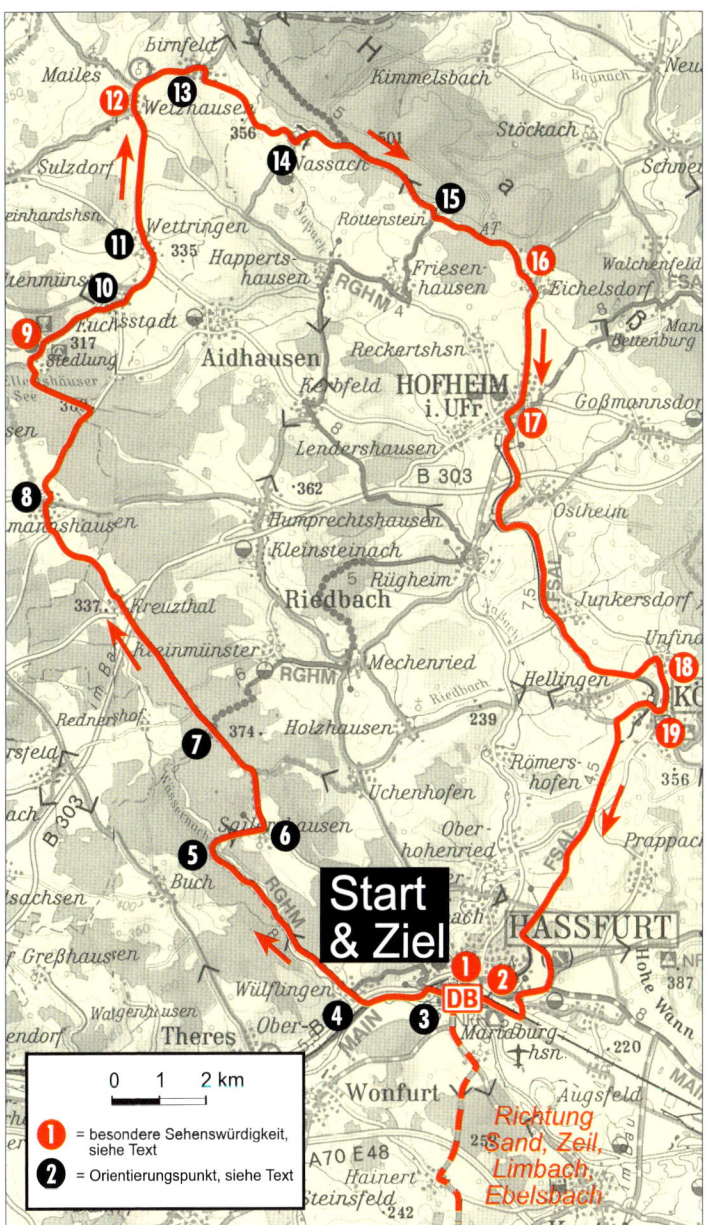

0   1   2 km

 = besondere Sehenswürdigkeit,
siehe Text

 = Orientierungspunkt, siehe Text

Karten und	*siehe Einleitung S. 14/15 und*
Informationen:	*Tourist-Information Haßberge, Obere*
	Sennigstr. 4, 97461 Hofheim i. UFr.,
	Tel. (0 95 23) 92 29-0, Fax -2 67
Verkehrsverbindungen:	*Bahn-Linie 810, Würzburg–Schweinfurt–*
	Bamberg 2-stündlich RE, SW–BA weitere
	Züge etwa stündlich.
Verknüpfungen:	*Vom Ellertshäuser See oder von Wetz-*
	hausen Richtung Sulzfeld;
	von Zeil–Sand auf dem Main-Steiger-
	wald-Radweg zu Tour 11.

Start am **Bahnhof** in **Haßfurt**, die *Bahnhofstraße* zur nahen *Hauptstraße* und zunächst diese links zur

Ritterkapelle ❶. Sie ist das Wahrzeichen von Haßfurt seit der Spätgotik. An ihrem Rundbogenfries sind fast 250 Wappenschilder überwiegend fränkischer Adeliger angebracht – Familiengeschichte wird zu Kunstgeschichte.

0,8 km — Von der Ritterkapelle auf der *Hauptstraße* zurück zum **Marktplatz ❷** mit Rathaus und der Stadtpfarrkirche St. Kilian, Kolonat und Totnan.

Haßfurt als alte Grenzstadt zwischen den Bistümern Bamberg und Würzburg weist noch Reste der Stadtbefestigung auf, vor allem die Tortürme beiderseits der rechteckigen Altstadt.

1,0 km — Am *Marktplatz* links über die *Brückenstr.* zum **Maintal-Rad-**
3,3 km — **weg ❸** und diesen rechts. Hier beginnt auch die **Radtour 3** (grünes Rad auf weißem Schild) des Naturparks Haßberge. Wir folgen dieser Tour, fahren durch **Wülflingen ❹** , weiter ins Tal
8,4 km — der **Wässernach**, auf einem Wirtschaftsweg aufwärts, nach
9,6 km — rund 5 km an der Wegegabelung re. ❺ und aus dem Tal bis auf die Hochfläche: nach **Sailershausen ❻** , durch den Ort und li., nordwärts. Nach etwa 1,5 Kilometern wechselt die Bezeich-
11,0 km — nung: **Radtour 4 ❼** des NP Haßberge; dieser folgen wir in ste-
18,1 km — tem Auf und Ab über **Kreuzthal** nach **Reichmannshausen ❽** und von hier der **Radtour 21** zum

Ellertshäuser See 🅥 , Stausee und vielfältiges Naherholungsziel: 22,9 km
zum Ausruhen, Baden, Bootfahren, Segeln und auch Campen, falls
Sie im Sinn haben, hier länger zu bleiben.

Vom See ist ein **Abstecher** nach **Altenmünster** möglich und die Weiterfahrt in die Gebiete Schweinfurt (Tour 10) oder Grabfeld.

> Am Ende der Staumauer rechts und auf der Kreisstraße
> über **Fuchsstadt** 🅚 – mit dem Museums-Kommunbrau- 24,9 km
> haus (Tel. 0 97 24/ 20 25) – nach **Wettringen** 🅫 , eine der äl- 26,7 km
> testen Siedlungen im Hofheimer Gau, einst Urpfarrei für den wei-
> teren Umkreis. Weiter auf der Straße nach

Wetzhausen 🅬 – mit dem Schloss der Truchsesse von Wetzhau- 29,7 km
sen, einem altfränkischen Geschlecht. Das einstige Wasserschloss aus
dem 14. Jahrhundert wurde mehrfach umgebaut und hat einen ma-
lerischen Innenhof.

> Am Ortsende rechts und weiter auf der Kreisstraße – am
> **Schloss Craheim** vorbei – nach **Birnfeld** 🅭 , wo wir am 31,7 km
> Ortsende rechts auf einem Wirtschaftsweg nach **Nassach** 🅮 fah- 34,7 km
> ren; südlich vom Ort lädt ein Badesee zur Erfrischung.

Was B'sunnersch

In Nassach übt Familie Raspl das Kunsthandwerk der Glasbläserei
aus und hat sich unter anderem auf Christbaumschmuck konzen-
triert. Wer zuschauen mag, melde sich bitte vorher an unter Tel.
(0 95 23) 8 52.

> In **Nassach** geht es links, am Sportplatz vorbei und ein
> Stück den **Haßbergtrauf** hinauf, wo wir auf die **Radtour 7**
> (von li.) einschwenken, der wir über **Rottenstein** 🅯 und hügelig 37,7 km
> bis **Eichelsdorf** 🅰 folgen: Das ehemalige Wasserschloss wird 40,2 km
> von einem Orden genutzt.

Freien Zugang haben wir zur nahen **Schwedenschanze** (487 m),
einer keltischen Fliehburg, die auf kurviger Straße zu erreichen ist.
Auf den letzten Metern zu Fuß fallen die Ringwälle auf, in der Höhe
gestaffelte Verteidigungswälle.

Von **Eichelsdorf** leitet ein Radweg an der Straße nach **Hof-** 42,4 km
heim 🅱 , wo vor allem stattliche Häuser den schönen Stadtkern
zieren. Am ehemaligen Bahnhof ist das Eisenbahnmuseum Leh-

Eisenbahnmuseum in Hofheim

mann (Tel. 0 95 23/ 13 05) eingerichtet.

> Vom ehemaligen Bahnhof auf dem **Bahntrassen-Radweg** des »Hofheimerle« vorbei an Junkersdorf bis kurz vor Königsberg. Vom »Hofheimerle«-Weg links ab nach

51,0 km **Unfinden** ⓲ , ein typisch fränkisches Dorf: Es wurde zwar im 30-jährigen Krieg entgegen gängiger Namensdeutung doch gefunden, ist aber in seinem geschlossenen Bild herausragend, mehrfach preisgekrönt und besonders im Sommer herrlich anzuschauen in seinem Blumenschmuck.

Von Unfinden direkt an der Straße hinein nach **Königsberg i.**
52,8 km **Bayern** ⓳ : Im Verlauf einiger Touren in diesem Buch haben wir Städte wie aus dem Bilderbuch kennen gelernt. Königsberg, eine alte Coburger Enklave, könnte sie alle übertreffen: dank der Lage an bewaldeten Höhen und Rebhügeln, dank der Burgruine, Kulisse für das Freilichttheater. Schmucke Fachwerkhäuser, unter anderem das Rathaus mit dem Roland und Glockenspiel oder am lang gestreckten Salzmarkt, stecken voller Geschichte(n). So auch das Regiomontanus-Haus, an dessen Stelle Johannes Müller geboren wurde, scharfsinniger Mathematiker und Astronom.

Königsberg i. Bayern

Zurück auf den »Hofheimerle«-Weg – gleichzeitig Teil des Radfernwegs (Rhön-)Grabfeld-Haßberge-Maintal – und wieder bis nach **Haßfurt** ❶ .

Oder Sie schließen eine **Extratour** an: Von **Haßfurt** auf Radwegen über Mariaburghausen, ein aufgelassenes Kloster, und Heinert nach Westheim. Von hier ist ein Abstecher nach **Oberschwappach** möglich, zum Schloss mit dem Maintal-Steigerwald-Museum (Tel. 0 95 27/ 79 12). Sonst mit der **Radtour 17** über **Zell a. Ebersberg** nach **Sand a. Main**, das Korbflechterdorf mit dem NSG Altmain. Wer das leibliche Wohl vorzieht, fährt direkt über den Main nach **Zeil a. Main**, das malerische Städtchen, lässt es sich im Biergarten der Brauerei Göller (Tel. 0 95 24/ 2 55) gut gehen, geht vielleicht noch in das Foto-Museum und steigt danach in den Zug. Oder Sie tun was für die Seele, fahren von Sand auf dem **Maintal-Radweg** nach **Maria Limbach**, Balthasar Neumanns letztes Werk, dessen Fertigstellung er nicht mehr selbst erlebte. Nach Eltmann ist es jetzt ganz nah und über die Brücke auch nach **Ebelsbach** zum Bahnhof; Streckenlänge: jeweils 24 km.

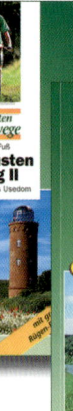

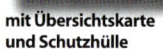